완전한 부를 이루는
5가지 절대법칙

THE
WAVE

• Prologue •

■ 모든 것이 부를 부르는 메시지다.

당신이 인생을 통해서 얻고 싶은 것은 무엇인가?
백만장자가 되어 바다가 보이는 멋진 집에서 살고 싶은가?
누구나 부러워하는 몸과 건강을 가지고 싶은가?
어떤 사업을 해서 크게 성공하기를 바라는가?
멋진 사람들과 즐거운 시간을 보내기를 원하는가?
당신은 진정 무엇을 원하는가?

당신이 원하는 모든 것이 이루어질 방법이 존재한다는 말을 믿고 바로 실천해 볼 수 있다면 당신은 이미 우주의 메시지를 이해하고 있는 것이 분명하다.

당신의 인생에 나타나는 모든 현상은 우주의 Wave에 응답받은 내용이다. 당신의 인생에 행운이 넘쳐흘러서 지금 이 순간이 영원하기를 바라는가?

반대로 감당하기 어려운 문제로 인해 지금 시간이 미래로 빠르게 흘러가기를 바라고 있지는 않은가?

이 모든 생각과 상황은 당신을 위해서 준비된 Wave에 당신이 응답한 결과이다.

가끔 억세게 운 좋은 사람을 부러워하며 멀리서 바라만 본 적이 있는가? Wave는 당신이 태어나기도 전부터 당신의 주위에 흐르면서 당신이 우주의 메시지를 읽고 순수하게 선택하고 따르기를 바라며 항상 그 자리에 있었다. 당신 삶의 매 순간을 결정하고, 당신이 경험하는 사소한 결정들 모두가 Wave의 법칙이다.

별로 노력하지 않은 친구가 큰 부를 얻어서 행복한 삶을 사는 모습을 보며 막연하게 부러워해 본 적 있는가? 부러워만 하지 말고, 그는 알고 당신은 모르는 비밀을 말해 준다면 믿겠는가?

당신을 위해 온 우주가 일하도록 만드는 법칙을 믿고 그에 따라 행동하여 우주의 기운을 받을 준비를 시작하자. 당신이 준비하는 그릇의 크기만큼 당신은 완전한 부를 이룰 수 있는 우주의 기운을 쓸어 담게 될 것이다.

당신이 누구이고 어디에 있고 당신의 부모가 누구인지는 중요하지 않다. Wave의 법칙은 당신의 삶에 모든 요소를 만들어 낸다.

억세게 운 좋은 사람의 Wave를 알고 싶은가?

"Wave을 작동하게 하는 존재는 오직 당신이다."

운이 좋아 보이는 사람들은 의식적으로든 무의식적으로든 'Wave'의 비밀을 자신의 생활에 받아들여 말하고 행동하고 생각하는 습관을 가져왔다. 막대한 부를 이룬 사람들의 마음을 지배한 생각은 '부'였다. 그들은 절실하게 부에 가까워지기를 원했고 그러한 절실한 Wave가 부를 그에게 가져다주었다.

주변에 변변치 않던 사람이 단시간에 엄청난 부자가 되어서 당신 앞에 나타났다고 생각해보자. 대부분의 사람들이 속으로는 부자를 배 아파하고 시기하면서 헐뜯을 때 부자의 말에 귀를 기울이고 그가 한 생각과 행동을 한 치의 의심도 없이 따라 해보자. 부자의 Wave에 자신의 행동을 맞추면 운이 나에게로 기울어지는 것을 느끼게 될 것이다.

가난한 사람이 가난하게 된 데에는 많은 이유가 있다. 하지만, 완전한 부를 이룬 사람은 자신이 원하는 부를 원하고 말하며 우주와 자신의 관계에 주파수를 맞추며 집중한 결과뿐이다.

기회를 놓친 후 대부분의 사람은 '그게 정말 가능해?'라는 의심을 품는다. 그리고 준비가 되지 않은 채 부자가 된 사람은 자신이 이룬 부가 갑자기 사라지지는 않을지 매일 밤 전전긍긍하며 걱정한다. 시간이 흐를수록 걱정과 두려움이 커지면서 가난한 자의 Wave에 자신의 생각과 말, 행동에 주파수를 맞추기 시작한다. 결국, 모든 부를 잃게 된다. 걱정과 두려움, 스트레스는 Wave가 들어오는 통로를 막는다.

> "지금 당신의 삶은 지난날
> 당신이 받아들인 Wave가 녹아있다."

　세상에는 많은 사람들이 다양한 형태의 삶을 살고 있다. 그들을 Wave를 통해 바라본다면 둘로 구분해 볼 수 있다.

　Waved 된 사람 : 우주와 사람, 사람과 사람 사이 우리 주위를 온통 둘러싸고 있는 에너지의 힘을 알고, 우주의 막강한 기운에 자신의 노력과 기대를 모으며 긍정적인 미래가 올 것을 강력하게 믿어 완전한 부에 이르는 사람

　UnWaved 된 사람 : 눈에 보이지 않는다는 이유로 Wave를 자신의 삶으로 끌어들이지 못하고, Waved 된 사람을 시기하고 질투하며 두려움에 빠져 어두운 곳에서 부와 건강, 행복의 열쇠를 찾아 헤매는 사람을 말한다.

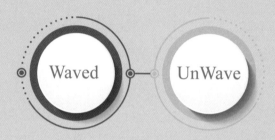

오늘 당신이 글을 통해 Wave를 알게 된 것도 강렬한 끌림에 의한, 우주가 당신을 위해 준비한 위대한 기회가 될 수 있다. 단, 당신이 Wave를 경험하기로 결정했다면 말이다.

모든 것을 근거와 자료로 증명하기를 강요받는 현대에서 Wave를 당신의 삶에 시작이자 가장 중요한 것으로 믿는 것이다.

완전한 부를 이룰 수 있는 지름길은 당신을 위해 준비된 우주가 준비해 둔 시나리오에 있다는 사실을 믿는 것이다. 괜스레 과거에 발목이 잡혀서 의심하거나 한 번도 부자로 살아본 기억이 없기 때문에 앞으로도 영원히 그럴 것이라는 의심으로 우주와 주파수를 엉망으로 만들지만 않는다면 누구나 Waved 될 수 있다.

믿는다 : 완벽한 부를 이루는 시작

Wave를 믿기 시작하면 우주는 당신을 위해 준비한 시나리오를 하나둘씩 현실로 옮기기 시작한다. 이때 당신은 준비된 운을 받을 준비만 하면 된다. 무엇이 되었든 당신이 기대한 이상을 받을 준비를 하면 된다. 모든 행운의 시작은 당신이 얼마나 준비를 단단하게 했느냐에 달려 있으며, 운의 크기와 운이 당신에게 머무는 시간 역시 그에 좌우된다. 강력한 운이 당신 주위에 오랫동안 머물며 당신이 완전한 부를 이루기를 바란다.

The Wave는 단단하고 크게 준비하기 위한 과정을 돈 몸건강 마음건강 관계, 행복 단계로 나누어 설명하고 있다.

Wave를 믿지 못하는 UnWave 된 사람은 부를 단순하게 돈으로 치부하는 실수를 저지른다. 하지만 Wave의 강한 기운을 믿고 경험한 사람은 부를 돈에 한정된 경지를 넘어 더 풍요롭고 균형된 삶에 대한 기대와 바람에 두고 Wave를 멈추지 않는다.

■ 완전한 부, Wave에 주파수를 맞춰라

　당신이 살고 있는 주위에는 눈에 보이는 것과 눈에 보이지 않는 것이 있다. 눈에 보이지는 않지만 우리 생활이나 운에 지대한 영향을 미치는 힘이 담겨 있다.

　예를 들어, 빛을 생각해보자. 가시광선을 제외하고는 우리 눈에 보이지 않지만, 빛은 고유한 에너지를 가지고 있어서 동식물을 자라게 하고 당신의 신진대사를 원활하게 하는 역할을 한다.

　주파수도 눈에 보이지 않는다. 당신이 자동차를 운전해 원하는 곳으로 갈 때 라디오를 켠다고 생각해보자. 주파수가 맞지 않으면 소음만이 들린다. 당신이 원하는 소리를 찾기 위해서는 주파수를 맞추어야 한다. 주파수도 우리의 눈에 보이지 않지만 내가 원하는 것을 들을 수 있도록 만들어 준다.

　Wave는 어디에든 있다. 당신과 상호작용하면서 몸과 마음에 기운과 에너지를 만들고, 발산하며, 재생산하고 있다. Wave는 당신의 모든 것에 시시각각 작동하지만 눈에 보이지 않는다.

　당신이 Wave의 신호를 받아들이고자 주파수를 맞추는 노력을 하느냐에 따라서 Wave의 신호는 달라진다.

라디오를 통해 노래를 듣고 싶은 마음처럼 Wave를 통해 자신이 얻고자 하는 것이 있어야 주파수를 맞출 수가 있다. 당신은 성능 좋은 라디오처럼 주파수를 찾아 원하는 음악을 들을 수도 있고, 고장 난 라디오처럼 주파수를 받지도 보내지도 않으면서 아무 일도 하지 못할 수도 있다.

원하는 주파수를 찾으면 생동감 있는 음악의 혜택은 라디오에 머무는 것이 아니라 당신의 건강과 행복, 관계 그리고 돈에 영향을 미친다.

"눈에 보이지 않는 Wave의 파동은 가장 정교하고 강력하다."

사람은 대부분 많은 부를 얻어 사랑하는 사람과 행복하게 살기를 원한다. 하지만, 모두가 원하는 삶을 살고 있지는 못하다. 원하는 행복한 삶을 살고 있는 사람과 그렇지 못한 생활을 하고 있는 사람의 결정적인 차이는 원하는 것에 Wave를 맞추고 생각하며 행동하는 것에 결정적인 차이가 있다.

완전한 부를 이루는 사람은 원하는 것을 구체적으로 생각하고 보이지 않지만 Wave의 힘을 믿고 실천한 사람이 부를 실현하게 된다.

"억세게 운 좋은 사람의 주인공은 당신이다."

Wave는 당신이 생각하지 않아도 항상 당신의 주위를 맴돌며 당신이 듣고 싶은 음악을 들려줄 준비가 되어있다.

■ 우주메시지 수신기인 몸, 건강을 단련하라

우주는 당신의 몸을 통해 메시지를 전달한다. 복잡한 세상에서 스트레스와 절망감 무기력, 경쟁과 욕망으로 주파수를 잃고 Unwave상태에 있는 사람은 우주의 신호를 감지하지 못해 큰 부를 얻을 기회를 보지 못한다. 마치 검은 안경을 쓰고 있는 것과 같다.

가끔 우주는 음의 기운을 감지하기 위해 몸에 시그널을 보내기도 하는데 우주가 몸에 보낸 위험 신호를 무시한 채 계속 어두운 시간을 보내며 생활을 계속하면 큰 병으로 당신의 행동을 멈추려 할 것이다.

큰 부를 이루고도 병에 걸려 부유한 삶을 누리지 못하고 젊은 나이에 세상을 떠나는 불행한 운명을 맞게 될 수도 있다.

"몸은 운을 담는 그릇이자, 우주의 메시지 수신기"

당신이 Waved 되었다면, 우주가 보낸 신호를 감지하고, 위기를 알고 멈추는 것을 당연하게 여기게 될 것이다. 스트레스로 인한 긴장과 두려움은 몸에 독소를 만든다. 몸에 어두운 기운이 가득하면 우주의 메시지를 수신하기 어려운 상태가 된다.

Waved 되었다면 잠시 멈추고 몸을 정비하며 몸의 기운을 바꾼 후 새롭게 시작하는 것이 당신의 부와 건강을 지키는 지름길이 된다. 더 큰 운을 기다리는 지혜가 필요하다.

우주의 운을 기다릴 줄 아는 사람은 기운이 기우는 시기를 지혜롭게 보낸다. 몸에 쌓여 있는 독소를 제거하고 새로운 기운을 충전하는 시간을 갖는다. 절대 안 되는 것을 되게 하려고 무리하게 에너지를 쏟거나, 투자를 늘리지 않는다. 조용한 곳으로 여행을 떠나 복잡한 생각들을 정리한다. 새로운 운동을 배우거나 그동안 해 온 운동의 양을 늘려서 몸의 독소를 제거하고 건강한 에너지를 담아 행운의 신호를 감지할 준비를 한다.

몸은 마음을 담는 그릇이다. 긍정적인 말과 행동은 당신의 몸을 저절로 맑게 하여 우주의 신호에 귀 기울일 준비를 시작한다. 몸이 독소로 가득해 위험 신호를 알아차리지 못하면 큰 재앙을 맞이하게 된다.

마이크로소프트 전 CEO 빌 게이츠는 바쁜 일상 중에도 명상을 잊지 않고 실천하고 있다. 그는 쉬어야 할 때 쉬고 마음의 평화를 찾는 것이 자신의 부를 지키는 길인 것을 안다. 자신에게 들어온 행운과 액운을 구분할 줄 아는 것이 거부와 졸부의 차이이다.

매일 수많은 선택과 국운을 결정하는 대통령도 휴가를 즐기며 복잡한 상황에서 벗어나 몸과 마음을 비우는 시간을 갖는 이유는 자신과 나라가 놓여 있는 우주의 기운과 Wave를 찾기 위해서이다.

당신이 원하는 모든 것은 에너지로 되어 있다. 에너지는 Wave가 되어 당신 주위를 맴돈다. 당신이 바라는 모든 부와 건강, 행복, 마음의 평화의 주파수를 교란하는 사람을 멀리해야 한다.

Waved 된 사람은 자신의 에너지를 소모하는 인연에 연연하지 않는다. 모든 인연은 흘러가며 만나야 할 사람은 다시 만나게 될 것을 안다. 따라서, 사소한 인연에 집착하지 않으면서 자신의 에너지를 절약한다. 그들은 우주와 에너지를 교류하기 때문에 인연에 대해 담대할 수 있다.

우주는 당신을 위해 준비해 둔 복을 사람을 통해 보낼 때가 있다. 그래서 Wave를 아는 부자는 복잡한 인연에 연연하지 않는 동시에 한 가지 주의하는 것이 있다.

완전한 부자가 지키는 한 가지는 원한을 만들지 않는 것이다.

완전한 부자가 원한을 사지 않는 방법은 부를 나누는 나눔을 실천하는 것이다. 타인의 원한은 강한 음의 기운을 가지고 있기 때문에 그들은 관계에서 원한을 만들지 않기 위해 단호하되 친절하다.

반면 UnWave 된 사람은 다른 사람의 시선을 의식하고 질투하고 경쟁하며 스스로의 에너지를 소모하면서 지나치게 관계를 유지하기 위해 애를 쓴다.

애를 쓴다는 것은 자신의 에너지가 마이너스 되는 것을 의미한다. 사람은 자신이 에너지를 사용한 일에는 기대를 하게 된다.

당신이 에너지를 쓴 상대가 당신에게 똑같은 에너지를 사용할 것이라는 기대는 당신을 괴롭게 한다.

에너지의 소모는 몸에 기운이 빠져나가는 것을 의미한다. 기운이 기울어져 가는 것을 알아차리고 빠르게 긍정의 에너지를 주는 관계에 집중하라.

행운은 행복을 알아보는 안목에서 시작한다. 당신에게 준비된 인연의 행복한 관계를 자주 갖게 되면 귀인이 나타나 당신에게 행운을 제안하게 될 것이다.

Waved 되면 행복이 충만해진다. 영향력이란 행복의 기운이 흘러넘치는 상태를 말한다.
UnWave 상태에서는 자신을 희생하며 타인을 행복하게 할 수 있다는 착각을 하게 된다. 운의 에너지를 감안하지 않은 희생은 부정적인 감정으로 마무리된다.

The Wave는 우주의 강력한 에너지를 받아 완전한 부를 이루는 절대법칙을 5단계로 설명한다.

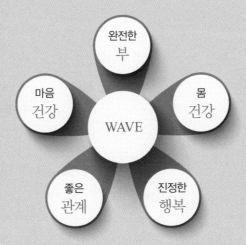

〈완전한 부를 이루기 위한 5가지 절대법칙〉

　우주의 메시지는 강력하기 때문에 당신은 당신의 부를 담을
그릇과 강력한 에너지를 감당할 건강한 몸과 마음을 준비하기
만 하면 된다.

　좋은 관계를 통해 당신의 에너지가 낭비되는 일을 줄여서 에
너지가 충만한 상태를 유지하라. 우주는 당신의 몸을 통해 완전
한 부의 메시지를 전한다. 당신이 충만한 상태일 때 충만한 에너
지를 받을 수 있다. 당신이 충만한 에너지로 흘러넘칠 때 저절로
당신이 소중하게 여기는 가족과 친구에게까지 좋은 영향력을
줄 수 있다.

대부분의 사람에게는 8~10년을 주기로 운이 찾아온다. 아무리 대운을 가진 사람도 30년을 유지하기 어렵다고 한다.

만약, 당신의 기운이 기울 때에는 Wave의 기운이 넘치는 가족과 친구의 곁에 머물면 좋은 영향을 받을 수 있다.

세계의 어느 부자도 항상 Wave가 충만할 수는 없다. 다만 Wave의 영향력을 믿는 완전한 부자는 자신에 기운이 기울 때를 대비하여 주위에 좋은 관계를 맺고 그들과 에너지와 부를 나누는 것에 소홀하지 않는다.

■ 강력한 에너지로 완전한 부를 채워라.

완전한 부를 이루기 위해 당신이 해야 할 마지막 단계는 진정한 Waved 상태를 통해 완전한 부를 채워가는 것이다.

에너지는 흐른다. Waved 된 사람의 운도 흐른다. 그들에게도 사업에 위기와 관계의 파괴가 올 수 있다. 하지만 그들은 자신에게 올 위기와 재앙의 크기와 속도를 조절할 수 있는 직감이 발달해 있다.

우리가 아는 많은 실패한 지도자는 자신에게 닥친 불운의 에너지를 감지하지 못하고 권력을 유지하려는 욕망을 채우려고만

하다가 결국 파국을 맞았다. Waved 된 지도자는 자신이 이끌
때와 물러날 때를 안다.

Waved 된 당신은 완전한 부와 권력을 가지고 있을 때 더 겸
손하고 스스로를 낮추어 위기를 관리할 줄 안다.

자신의 재능과 타고난 환경에 도취되지 않으며 더 넓게 준비
된 우주의 Wave를 타고 스스로의 운을 상승곡선에 태워 부의
추월차선에 올라타게 된다.

완전한 부를 이루고 싶다면 3가지를 반복하라. 너무 명확하고
단순해서 당신은 다소 실망할 수 있다.

'Wave를 비우고, Wave를 준비하고, Wave를 채워라'

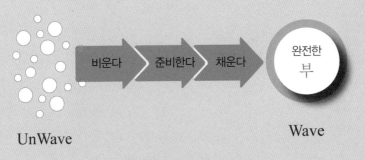

〈Wave를 실천하는 3단계〉

당신이 원하는 건강, 행복, 부를 항상 생각하고 Wave에 주파수를 맞춘다면 Wave의 법칙은 쉬지 않고 당신의 인생에 작용할 것이다. 이것은 원하는 삶을 살고 있는 모든 사람이 실행하고 있는 간단한 원리이다.

완전한 부는 단순하게 돈이 많은 것을 넘어서 당신의 에너지와 당신을 둘러싼 우주의 에너지에 주파수를 맞추어 흔들림 없는 부와 건강, 관계를 통해 완전한 행복을 경험하는 것을 말한다.

완전한 부를 이루는 법칙은 단순하고 명쾌하다.
당신은 Wave를 통해서, 원하는 것은 무엇이든 될 수 있고, 얻을 수 있고, 할 수 있다. 즉, 완전한 부자가 될 수 있다는 점을 알고 실천할 수 있게 될 것이다.

당신이 태어난 진정한 이유를 알게 되고, 진실로 위대한 삶이 준비되어 있으며 Wave가 보내는 메시지를 해석해 당신이 그토록 기다린 멋진 삶을 살아가게 될 것이다.

• Contents •

• Prologue   2

PART 1   The Wave 완전한 부를 이루는 절대법칙

어느 운전기사 이야기   24

Wave로 가는 3단계   29

Waved와 UnWave   35

좋은 Wave는 좋은 Wave를 끌어당긴다   51

변화의 중요성을 안다   53

비교로 스스로 괴롭히지 않는다   56

결과를 예측하고 감정을 조절한다   62

건강을 위한 행동을 습관화한다   67

나눔을 통해 더 큰 행운을 받을 준비를 한다   71

PART 2   The Wave 완전한 부를 이루는 5가지 절대법칙

Wave 제1법칙 : 돈을 부르는 부의 법칙   78

Wave 제2법칙 : 부를 담는 그릇, 몸의 법칙   103

Wave 제3법칙 : 말하는 대로 이루는 마음의 법칙   128

Wave 제4법칙 : 부를 끌어당기는 관계의 법칙   139

Wave 제5법칙 : 행복의 법칙   165

PART 3   완전한 부의 삶 The Wave

그들은 기적이라 말하지 않는다   178

더 좋은 Wave를 포기하지 않는다   180

완전한 부의 기회를 높이는 노력을 한다   184

즐거움으로 일상을 채운다   187

겸손한 품격을 유지한다   189

"해낼 수 있다."라고 말한다   193

· Epilogue   196

PART **1**

The Wave

완전한 부를
이루는 절대법칙

『 어느 운전기사 이야기 』

23년 간 회장님의 운전기사를 했던 B가 은퇴를 하게 되었다. 회장님은 그동안 자신의 발이 되어 준 B에게 정식 퇴직금 외에 고마움을 담아 보답을 하고 싶었다.

"그동안 나의 발이 되어 주고, 안전하게 운전해 주어서 고맙네."
"회장님 덕분에 저희 아이들도 모두 키우고 많이 배웠습니다."
"당분간 쉴 수 있도록 하게."
하며 봉투를 내밀었다.

"아닙니다. 회장님 그동안 회장님 모시면서 들은 정보로 저도 작게 투자를 해 손해를 보지는 않았습니다."
회장님은 잠시 놀랐다.

"그래??!!"

"네, 회장님께서 통화하시는 것을 자연스럽게 듣고, 틈틈이 투자해 온 덕분에 노후 준비를 할 수 있었습니다."

"정말 잘했네, 성실한 투자자를 만난 것 같아 기쁘구만!"

B는 운전기사로 일하면서 회장님이 통화하고 공부하는 모습을 지켜보며 그의 말에 따라 조금씩 투자해 부자가 되었다. 그는 23년 간 회장님의 운전사로 일했다.

■ 신의 목소리를 듣는 법

누군가 당신의 등 뒤에서 당신이 성공할 수 있고 부자가 될 수 있는 조언을 해 준다면 당신은 그 목소리에 응답해 실천할 수 있겠는가?

B는 운전하면서 회장님의 말과 행동을 관찰하며 그를 보필했다. 그의 말속에서 자신이 할 수 있는 방법을 찾아 스스로에 포트폴리오를 완성해 투자자가 되었다.

그는 23년간 운전사로 일하며 회장님을 한결같이 모시며, 그의 행동을 따라 하고 그에게 감사했다.

회장님은 한결같이 성실하고 매사에 정확한 B가 마음에 들었다. 그가 사업을 하며 만나 함께 일한 운전기사 중에는 지각과 결근으로 그를 애먹이거나. 운전만 하는 자신의 신세를 한탄하며 부정적인 말을 하면서 월급을 음주와 유흥으로 써버리는 경우를 많이 봐 왔다.

반면 B는 달랐다.
회장님은 B의 공손하고 조심스러운 성격에 믿음이 갔다.
이뿐만 아니라 B는 자신이 믿고 따르는 회장님의 말을 듣고 실천을 해 부자가 되었다. 만약 당신을 위해 준비된 시나리오가 있다면 그것을 믿고 멋진 미래를 준비하며, 꾸준하게 긍정적이고 감사하고, 겸손한 태도로 말하면서도 행동으로 실천할 수 있겠는가?

"The Wave : 우주의 법칙은 지나치게 간결하고 강렬하다."

완전한 부를 이루는 절대법칙은 단순하다. Wave는 어떻게 하면 당신이 성공할 수 있는지 당신의 등 뒤에서 끊임없이 말해 준다. 그 목소리는 한결같고 친절하며 구체적이고 단순하다.
다만 다른 것이 있다면 그 목소리에 귀를 기울이고 내용을 새기고 행동으로 옮기며 당신의 현실로 만들어 내는 것에 차이가 있을 뿐이다.

우주는 당신 편이다. 우주는 항상 당신의 요청에 응답할 준비를 하고 있다. Wave에 집중하면 누구나 부자가 될 수 있다고 말할 때마다 가장 먼저 이런 질문이 쏟아진다.

"지금이 지옥 같은데 어떻게 장담할 수 있나?"

우리가 Wave에 주파수를 맞추려는 첫걸음을 떼자마자 마치 전갈의 꼬리처럼 의혹의 독침을 쳐들고 달려드는 의문이 바로 이런 질문이다. 하지만 지옥 같아서 하는 일이 안 되는지, 하는 일이 안 돼서 지옥 같이 살고 있는지는 알 수 없다.

그렇다면 우선 모든 의혹을 뒤로 한 채 우리는 단 하나의 믿음을 향해 나가야 한다. 하는 일이 잘되고 부자가 될 수 있을 것이라고 믿고 오늘 가장 먼저 할 일을 찾아서 하라.

이런 말을 들으면 또 대다수 사람은 "그럼 내가 상상하는 대로 모두 부자가 될 수 있다는 말이야?"라고 질문하며 돈을 얼마나 벌 수 있는지 궁금해한다.

당장 당신이 원하는 만큼의 돈이 생기고 부자가 될 수 없을지 모른다. 당신이 어느 정도 크기의 '운의 그릇'을 가지고 있느냐에 따라 다르기 때문이다. 운을 믿고 좀 더 장기적으로 채워가는 인내심이 필요하다.

"노력하면 누구나 그릇을 키울 수 있는 거야? 그럼 한번 해볼게?" 당신의 그릇이 얼마만 한지는 당신만이 알 수 있다. 다만 아주 작은 그릇이 갑자기 한꺼번에 커지지는 않는다. 복권 당첨이나 상속 등으로 갑자기 넘치는 부를 받은 그릇은 쉽게 깨져버린다.

다시 운전사의 이야기로 돌아가자. B는 회장님만큼의 돈을 가지고 있지는 않지만, 회장님의 특별 퇴직금을 거절했다. 자신은 이미 충분히 받았다고 생각했기 때문이다. B와 회장님의 공통점이 있다. 둘 다 'Waved' 되어있다는 사실이다. 그들의 주파수가 맞았기 때문에 23년간 함께 일할 수 있었을 수 있다. 에너지는 변하고 우주의 파동은 비슷한 주파수를 가진 것끼리 끌어당김으로써 법칙이 작용한다. 서로 돈의 크기는 달랐지만, 돈과 부를 대하는 자세와 세상을 살아가는 태도는 같았던 것이다. 회장님은 그런 B를 존중했고 B는 회장님에게 배웠다.

『 Wave로 가는 3단계 』

■ 1단계 : "비워라"

더 성공하고 싶은가? 의심하지 말고 보이지 않는 Wave의 힘을 믿어라. 쉽게 믿기 어려운 이유는 이미 오랜 시간 물질세계의 충동과 스트레스, 정크푸드, 소비중독 등 너무 많은 독소와 같은 물질세계의 독이 몸과 마음을 채우고 있기 때문이다. 독소는 좋은 기운이 몸과 마음에 들어오는 것을 막는다.

당신의 몸과 마음에 부의 Wave 메시지를 받아들일 틈을 만들기 위해서 '비우기'를 시작해야 한다. 완전한 부자가 되기 위해 준비를 시작하는 과정이다.

의심과 질투, 경쟁심 그리고 당신의 에너지를 빨아 먹는 불편한 관계를 정리하고 타인에게 상처와 원한을 살 수 있는 과격한 말과 험담을 당신의 태도에서 비워내라.

"마음의 빈자리는 무한대로 만들 수 있다."

당신의 몸을 괴롭히는 너무 많은 음식과 정크푸드를 제한해서 몸에 쌓인 독소를 제거하라. 몸은 부의 신호를 수신하는 수신기이자 당신의 생각과 영혼을 우주로 쏘아 올릴 발신기이다.

에너지의 충돌이 많은 곳을 피해 당신의 몸과 마음의 상태를 점검하라. 유혹에 빠져 소음과 에너지의 충돌이 많은 곳에 오랫동안 머물게 되면 당신의 주파수가 흩어져 좋은 에너지를 받아들이기 어렵다.

새 가구를 들이기 위해서 기존에 쓰던 물건을 버려야 한다.

맛있는 반찬을 먹기 위해서는 그릇을 비운 후에 더 달라고 요청해야 한다. 좋은 인연을 원한다면 당신의 호의를 무시하는 사람과의 인연을 정리하고 새로운 사람이 당신의 옆에 앉을 수 있도록 자리를 비워둬라.

행운을 바라는 사람이 너무 많이 있기 때문에 우주는 바쁘다. 바쁜 우주는 당신을 위해 준비한 행운을 귀인을 통해 당신에게 배달한다. 행운 배달부가 당신에게 왔을 때 앉을 곳이 없으면 기회는 그대로 사라진다.

Wave를 믿고 Waved를 통해 완전한 부를 시작할 준비가 되었다는 신호를 우주에 보내는 첫걸음은 비우기를 실천하는 것이다.

나는 새로운 운을 받기 위해서 비우기를 시작했다. 술을 먹어서 생각과 정신을 교란시키기보다는 운동을 통해서 매일 새로운 에너지를 충전하고 있다.

"이제 저는 준비가 되었으니 저에게도 운의 길목을 열어주세요."라고 외쳐라.

"나는 운이 들어올 길목을 쓸고 닦아 행운이 바보가 아니라면 언제든지 걸어들어올 수 있지."라고 말할 수 있도록 불필요한 것들을 버리고 비워내라.

■ 2단계 : "Wave에 올라탈 준비를 하라"

당신이 원하는 대로 될 것이라는 신호를 보내고, 당신의 그릇을 닦으며 행운을 담을 준비를 해야 한다.

운이 들어오는 길목을 열심히 비워내고 준비를 마쳤다고 생각했는데 정작 운의 그릇이 깨져있거나, 그릇이 작아서 당신이 바라고 원하는 만큼의 운과 기회를 담을 수 없다면 곤란하다.

당신은 원하는 것을 담기 위해서 5가지를 준비해야 한다. 5가지는 서로 연결되어 있으면서 독립적이다. 하지만 당신을 위해서라면 언제든지 합동으로 당신을 도우려고 할 것이다.

1. 경제적 부, 돈을 받을 준비를 하라.
2. 메시지의 수신기인 몸을 준비하라.
3. 말하는 대로 이루어질 수 있도록 마음을 준비하라.
4. 행운을 부르는 관계를 준비하라.
5. 즐거움을 찾아 행복할 준비를 하라.

　당신이 원하는 완전한 부의 5가지의 균형을 유지하면 부는 조화롭게 만들어진다. 이들은 서로 다른 듯하지만 조화를 이루고 질서정연하게 상호작용하며 당신을 완전한 부자로 만들어 줄 것이다.
　돈, 몸과 마음, 관계와 행복, 이 5가지의 조화로운 상태를 완전한 부라고 말한다. Wave의 상승곡선에 올라타면 노력과 재능만으로 이룬 부와 차원이 다른 자유로움과 행복감을 느끼게 될 것이다.

> Wave가 주는 완전한 부가 언제든지 찾아올 수 있는
> 그날을 위해 준비하라.

　믿음과 준비하는 과정을 통해 우주에 충분한 메시지를 보낸 당신이 할 다음 단계는 당신이 원하는 것만으로 당신의 그릇을 채우는 것이다.
　준비를 끝낸 당신에게 운의 그릇을 채우는 것은 신기한 경험

이 될 것이다. 과거 당신이 바라던 일들이 어느 순간 모두 이루어져서 당신의 꿈이 현실이 되어가기 때문이다.

■ 3단계 : "원하는 것으로 채워라"

> "실패한 이유는 다양하지만, 성공한 이유는 비슷하다."

Wave를 믿고 비우기와 준비를 마친 당신에게는 원하는 것을 채우는 일은 자연스러워서 당신은 어쩌면 알아차리지 못 할 수도 있다.

- 우연한 기회에 원하는 배우자를 만나게 될 수 있다.
- 과거에 알고 지냈던 사람의 소개로 일자리를 구하게도 된다.
- 좋은 기회가 될 비즈니스에 함께해 성공할 수 있다.
- 정말 재미있게 즐길 수 있는 취미를 찾을 수 있다.
- 돈이 생기는 일이 계속 떠올라 바빠질 수 있다.
- 건강을 회복하고 새로운 기회를 맞이하게 될 것이다.

자연스럽게 당신이 원하는 것이 이루어질 때 복을 키우는 말이 있다. 당신이 행운아였음을 인정하고 편안하게 받으면 된다.

절대 하지 말아야 할 것은 '나에게 이런 일이 있다니 말이 안 돼'라고 부정적인 말을 하는 것이다.

마찬가지로 '역시, 내게 벌써 생겼어야 할 일들이 이제야 생기는군.'하며 거만하게 받아서 당신의 행운에 함께한 Wave와 사람들을 무용지물로 만든다면 당신의 돈은 순식간에 없었던 것처럼 사라져 버릴 것이다.

겸손하게 채우고, 늘 감사하라.

너무나 당연하지만, 아무나 실천하기 어려운 것이 겸손과 감사이다. 완전하게 Waved 될 수 있도록, 당신의 소원을 이루어 갈수록 긍정적으로 생각하고 겸손하게 행동하며 감사를 표현할 수 있도록 의도적으로 노력하라.

그것이 당신만의 완전한 부를 이루기 위한 과정이다.

비우기 ➜ 준비하기 ➜ 채우기

당신은 너무 단순해서 웃고 있을 수도 있다. 성공에 취해서 마음이 흐트러질 때는 다시 비우기를 시작하고 과정을 반복하라.

Waved 되었더라도 그릇이 차는 과정에서 그릇에 금이 가고 깨져서 UnWave로 돌아가는 경우도 생길 수 있기 때문이다.

『 Waved와 UnWave 』

　가난한 사람은 우주의 에너지는 믿지 않는다고 말하면서, 자신은 가난한 팔자를 타고나서 노력해도 소용이 없다고 말한다. 노력과 재능으로 설명이 어려운 Wave를 믿지도 못하겠고 노력도 안 하겠다는 말처럼 들린다. 그러면서 풀리지 않을 문제들의 이유들을 생각해 내며 불평을 하고 시간을 보낸다. 끝없이 잘나가는 타인과 자신을 비교하면서 좌절감에 싸여 타인을 깎아내리는 데 에너지를 쏟는다.

　우주의 입장에서 보면 당신이나 주변 사람, 동물과 자연은 모두 같은 존재이다. 햇볕이 모두에게 공평하게 비치는 것과 같다.
　맑은 날에는 나가서 선탠을 하고, 파도가 치는 날에는 서핑을 하면서 자연과 하나가 되어 즐기며 살면 된다.
　불평이 몸과 마음에 배어있는 사람은 맑은 날에는 눈이 부시다고 불평을 하고 파도가 치면 고기를 잡지 못했다고 불평을 한다.

불평이 몸에 밴 사람은 통장 잔고가 두둑하고 하는 일이 잘되고 있어도 지금 이 상황이 언제 돌변할지 모르니 무조건 모으고 아껴야 한다며 조바심을 낸다.

> • UnWave •
>
> 노력과 재능으로 세상을 바꿀 수 있다고 믿으며 자기중심적 사고로 세상을 바라보는 태도

■ UnWave

세상은 Wave의 법칙을 아는 사람과 모르는 사람으로 나눌 수 있다. 그들이 평소에 하는 말과 행동을 보면 쉽게 알아볼 수 있다. 될 일에 도전하기보다 하고 싶은 일에 도전해 위기를 자초한다. 그들은 자신의 힘으로 대세를 바꿀 수 있다고 믿는다. 이것은 마치 비 오는 날 비를 한 방울도 맞지 않고 걸어갈 수 있다고 말하는 것과 같다. 안돼도 그뿐이라고 쿨한 척한다.

자기중심적인 세계관을 가지면 자신의 건강을 과신한다. 마치 자신은 타고난 강철체력이라고 과신하며 신체 에너지를 낭비하는 행동을 한다. 그들은 술과 유흥, 약물 도박에 쉽게 빠져들어서 물질세계가 주는 쾌락을 누리면서 몸과 영혼을 망가뜨리는

행동을 하며 시간을 보낸다. 그러면서도 위기에 몰려 하는 일을 망치거나 원하는 결과가 나오지 않을 때는 타고난 운명을 원망한다. 실패의 원인을 주변 탓으로 돌리며 허송세월한다.

"내가 망나니인 이유는 부모님의 영향이야."

"운이 없으니 돈을 잃은 거야."

그들은 변화를 통해서 문제를 해결하기보다는 환경을 탓하며 같은 행동을 반복하고, 자신의 잠재력을 찾아보려는 노력을 게을리한다.

그들은 더 큰 기회가 있다는 말에 쉽게 현혹된다. 물질세계에 중독된 몸과 마음은 행운과 불운을 구별할 수 있는 눈을 가리고 조심하라는 주변의 이야기를 듣지 못하도록 만든다.

매사에 사람을 의심하는 것은 Wave에 어긋난다. 하지만 자신의 몸과 마음을 괴롭혀 상황을 정확하게 판단하지 못하다 보면 처음에 믿었던 사람도 상황이 바뀌어 변심할 수 있다. 따라서 맑은 정신을 유지하는 것이 중요하다.

그들이 쉽게 속게 되는 이유는 마음이 조급하기 때문이다. 무엇이든 빠르게 해결하고 싶은 조급함에 유혹에 쉽게 빠진다. 사기꾼은 UnWave 된 사람을 잘 알아본다. 그들은 눈동자가 불안하며 좌불안석하고, 말이 빠르며 생각과 행동이 자주 바뀐다.

사기꾼들은 당신의 급한 마음을 파고들어 당신이 원하는 모든 것이 쉽게 이루어질 듯하며 당신에게 100% 유리해 보이는 상황을 제시한다.

"100% 유리한 상황은 없다."

대부분의 평범한 사람은 일부러 남에게 해를 끼치지 않는다. 그렇다고 자기 이익을 희생하면서 관계를 지속하지도 않는다. 자기 이익과 관련된 처지나 환경이 변하면 행동의 방향을 바꾼다.

변화된 환경에 맞추어가며 변하는 것이 생존의 법칙이다. 그러니 어떠한 상황이 와도 당신에게 모든 것을 맞추겠다고 하며 자신의 이익을 희생하면서까지 당신의 이익을 보장해 주겠다는 아첨꾼을 조심해야 한다. UnWave 상태에서는 자존감이 낮아져 있기 때문에 아첨꾼의 달콤한 이야기에 쉽게 우쭐해지고 그 말만 믿고 쉽게 현혹되어 모든 것을 잃고 후회를 한다.

A는 국내에 굴지의 생활용품 할인매장을 운영했다. 성북구에 사업장이 잘되면서 강동에 또 하나의 사업을 준비하게 되었다. 매장의 모든 살림을 맡아서 처리하던 Y에게 성북구 사업장의 책임과 권한을 주고 A는 강동 매장이 자리 잡을 수 있도록 전력투구를 했다.

그런데 A는 2년 후 세무조사를 받게 되었다. 소매업을 하며 현금거래를 투명하게 하지 못한 것은 자신의 잘못이었다. 하지만 2년 동안 성북 매장의 모든 세무와 회계를 담당하던 Y는 자신이 작성한 문건을 모아 두었다가 국세청에 신고했다. 이른바 내부 고발자가 된 것이다. Y가 포상금을 노리고 퇴사 후 벌인 일이었다.

하지만 A가 Y를 원망하는 시간은 길지 않았다. 비록 큰 수업료를 물었지만, 바쁘다는 핑계로 몸과 마음 관리를 소홀했던 긴 시간의 자신을 돌아보게 되었다.

A의 경우, 지금은 Wave에 대한 이야기를 믿고 천천히 가더라도 안전하게 가려는 마음으로 Wave를 받을 준비를 하고 있다.

UnWave 상태에서 많은 사람은 자신의 신념을 고집한다. A는 사람과 사업에 대한 자신의 신념을 바꾸고 사업을 재정비하는 과정을 거쳐 회복하는 단계로 접어들고 있다. 많은 경우 이번엔 운이 없어서 그렇다거나 혹은 과거에 했던 방법이 이번에도 통할 것이라는 판단으로 고집스럽게 밀어붙인다. 가족, 친구 등 소중한 사람의 조언을 무시하고 귀마개를 한 사람처럼 행동한다. 그들은 상황이 바뀌고 세월이 변하고 있는데도 자신의 신념을 고집해 똑같은 함정에 빠지지만 헤어 나오지 못하고 허우적거린다.

그들은 이렇게 말한다.

"내 말을 믿어, 우리 다시 한번 일어나야지."

"내가 예전에 다 해봤는데, 딴 거 필요 없어. 내 말대로 해."

"내가 알고 있는 사람은 기도를 엄청 하는데도 가난하게 살고 있는데."

이렇게 말하며 스스로 고집에 사로잡혀 마이너스 기운을 가두고 새로운 기운을 흘려보낸다. 결과는 스스로 위기를 자초하게 된다. 자기 신념이 가득한 사람은 자신의 신념을 타인에게 강요하면서 나이가 들어갈수록 외로워진다.

Wave에서는 모든 자연이 동등하다. 섣불리 상대의 생각을 바꾸려 하거나 불합리한 상황에 개입하지 않는 것이 좋다. Wave의 큰 시선으로 보면 만물은 각자의 역할로 환경에 나름대로 기여하고 있기 때문이다.

하지만 UnWave 된 사람에게 Wave의 섭리가 들릴 리 없다. 본인의 성공 경험과 배경지식을 자랑하며 타인에게 설교하고 타이르거나 강요한다.

이러한 가르침은 권력을 가진 경우 더 심하게 나타난다.

"내 말대로 해."

"네가 뭘 알아."

"라떼는 말이야, 이 정도는 충분해."

"네가 그래서 안 되는 거야."라고 말을 시작한다.

상대가 그런 행동을 한 이유를 들을 생각을 하지 않는다.

K는 수술실 간호사이다. 최근 잘못된 수술로 인해 조사를 받고 있다.

"당신은 왜 R이 환자의 왼쪽 다리를 마취하고 수술하는 것을 말리지 않았죠?"

"제가 말을 해도 듣지 않을 것이기 때문입니다."

이 사건은 오른쪽 다리를 수술해야 하는 상황에서 의사가 환자의 왼쪽 다리를 절단하게 된 사건이다. 당시 수술을 지원하던 간호사는 의사의 행동을 지켜보고 있었지만 아무 말도 하지 않았다. 자기 확신으로 가득 찬 의사의 행동을 자신이 바꿀 수 없다고 생각했기 때문이다.

이를 엘리트의 저주라고 말한다. 학식이 높아도 세상이 돌아가는 Wave를 이해하지 못한 채 자신이 배우고 경험한 지식만을 최고라 여기고 다른 사람의 이야기를 듣지 않아 결국 실패에 이르는 경우를 일컫는 말이다.

Wave는 사람을 통해 행운을 보낸다. 자신만의 신념을 고집하는 사람은 운의 길목을 닫아 놓은 것과 같다.

Unwave된 사람 간에 신념이 충돌하면 싸움이 된다. 따라서 섣부른 충돌로 갈등을 만드는 상황 자체를 만들지 않는 것이 좋다. 갈등은 갈등을 불러들인다. 운이 좋을 때라면 문제가 없이 넘어갈 수 있지만, 운이 나쁠 때는 구설에 휘말리거나, 자신의 단점을 노출하게 된다.

'자신의 옳음'이 독이 될 수 있다는 것을 알아야 한다. 한 개인이 세상과 우주의 지식과 이치를 깨닫는다고 해도 일부에 지나지 않는다. 특히 Wave와 Wave 간에 충돌이 많은 회사 등 사회생활에서는 절대적으로 옳은 신념이라고 해도 내세울 시기를 고려해야 한다. 제삼자가 보기에 "이놈도 똑같구만."이라는 소리를 듣거나 "혼자 잘난 줄 아는군."이라는 소리를 듣는 일에 자기만 옳다고 주장하는 것은 어리석음을 넘어 사회적 수명을 줄이는 일이다. Wave의 흐름을 알지 못하고 살아 온 사람은 후에 "돌아보니 아무도 없었다."라는 후회를 한다.

자신의 신념에 갇혀 지내다 보면 약점을 알지 못한다. 완벽한 사람은 없다. 각자 자신만의 특징을 가지고 있다. 고유한 특징을 바꾸기란 어렵다. 다만 고유한 특징이 잘 맞아서 좋게 활용되는 때가 있기는 하다. 하지만, 한편으로는 좋은 특징이라도 상황에 따라 약점이 될 수도 있다.

그렇다면 약점을 가지고 평생 살아야 하는 것일까?
결론부터 말하면 그렇지만은 않다.

자신이 가진 특징이 어떤 상황과 환경에서 강점으로 작용할 수 있는지를 알고 사용할 수 있다면 더 나은 삶을 살 수 있다. 나를 바꾸는 것이 아니라 환경과 상황을 자신에게 유리한 쪽으로 만드는 것이다.

하지만, UnWave의 상황에 놓이면 자신의 약점을 애써 외면한다. 나쁜 운을 피하기 위해서는 장점을 극대화하는 것보다 약점을 극복하는 것이 부를 보존하는 좋은 방법이다.

어떤 이들은 자신의 약점을 애써 외면해 큰 화를 겪은 후에 변명하듯 이렇게 이야기한다.

"이번에는 어쩔 수 없었다."고 말이다.

언제 겪어도 겪어야 할 일이라고 말하며 행동과 생각을 되새겨 약점을 알아가며 같은 위험을 피하기 위한 노력을 하지 못한다.

'단점'이란 사회생활에서 반복적으로 보이는 행동 습관이다. 친근함이나 불쾌감을 표현할 때, 기쁘거나 슬플 때, 스트레스를 해소할 때 등 반복적으로 나타내는 부정적인 행동은 잠재적으로 문제를 만들 수 있는 소지가 된다. 평소에는 문제가 되지 않다가 유난히 불리한 상황에서 당신에게 치명타가 될 수 있다.

반면, 지나치게 자기검열과 자기반성에 엄격한 사람도 UnWave에 빠지기 쉽다. 그들은 타인에 대한 인정과 칭찬으로 자신의 책임감을 씻어 내리고 칭찬과 인정이 없으면 스스로 죄책감에 빠져서 운의 길목을 막아버린다.

반면, Wave의 법칙을 아는 당신은 모든 사람에 이야기를 들을 줄 알고 그 이야기 속에서 신의 음성을 골라낼 줄 안다.

> **· Waved ·**
>
> Wave의 운을 자신의 운명을 가꾸는 데 사용할 줄 아는 태도. Waved 된 사람은 자기의 역할을 묵묵하게 해내며 화려한 일에 눈을 돌리지 않고 꾸준한 모습을 보여준다. 이들은 세상에 필요한 사람, 자연의 순리에 따르는 사람이다. Waved 된 당신은 자연의 순리에 자신의 재능과 노력을 더해서 초격차를 만들어 내는 지혜와 용기를 가지고 있다.

■ Wave를 믿는다

남들이 이루는 보통의 부를 초월한 부자가 되고, 행복한 관계를 유지하는 당신은 자신이 타고난 재능을 과신하지 않는다. 스스로 한 것 이상을 이루기 위해서는 인간의 힘을 초월한 도움이 필요하다는 것을 안다.

당신이 Wave를 믿는 이유가 태생적일 수도 있지만, 큰 병에 걸려 건강의 문제를 통해 깨닫게 되는 경우도 있다. 또는 이혼이나 파산 등 인생의 큰 고비를 겪으며 느끼게 될 때도 있다.

나의 경우도 암을 3번을 이겨내면서 열심히 살아가며 주변 사람과의 약속을 지키기 위해 최선을 다하는 것만으로는 설명되지 않는 초자연적인 힘에 대해 깨닫게 되었다.

가슴에 작은 멍울이 잡혀 검진을 받았더니 암이라는 진단이었다. 암이 무엇인지 실감이 나지 않았지만, 암이라는 단어 자체에서 풍기는 중압감이 나를 누르고 내가 암이라는 사실을 부정하고 싶었다. 원망과 중압감에 정신이 없었지만, 치료를 빨리 마치고 예정된 일정을 소화해야 한다고 생각했다.

수술을 위해 기다리는 2주간이 지옥처럼 느껴졌다. 수술이 끝나고 깨어난 나에게 간호사가 수술이 잘 되었다는 말을 전했다.

"감사합니다."

마취에서 채 깨어나지도 못한 내 입에서 나온 첫 마디였다. 입원실로 돌아오니 가족들이 있었다. 조금 안도가 되고 지옥에서 현실로 돌아온 느낌이 들었다.

회복이 빨랐다. 젊은 나이였고 첫 수술이라서 수술 일정을 기다리며 떨었던 내가 바보처럼 느껴졌다. 수술 후 3일 뒤 피주머니를 차고 요양병원으로 옮겼다. 1주일 후 있을 강의 준비를 하기 시작했다. 피주머니를 차고 강의를 무사히 마쳤다. 그때까지만 해도 나는 투병 중에도 청중과의 약속을 지키기 위해 강의를 진행한 내가 조금 대견했다. 강의를 지켜본 분들도 아픈 줄 몰랐다고 말씀해 주셨다. 후에 Wave가 나에게 보낸 신호를 알아차리지 못한 채 곧 내게 불어닥칠 후폭풍을 예상하지 못했다.

어렵게 네 차례의 항암치료를 마치고 딸과 함께 뉴욕에 갔다. 항암치료 후유증으로 관광을 충분하게 즐기지는 못했지만, 40대에 수술을 받고 '나는 회복이 빠르구나' 하며 건강에 대한 자만심이 커졌다. 마치 감기에 걸리고 회복한 느낌이었다.

치료 경과를 보기 위해 6개월 후 검진을 받으러 병원에 갔다. 마치 지옥에서 들려오는 악마의 음성처럼 암이 재발했다는 진단을 받았다. 순간 소리를 질러버렸다. 그렇게 힘들게 치료를 받았는데 재발이 되고 만 것이다.

치료 후 새롭게 시작하기 위해 아카데미를 구성해 CEO와 국회 관계자들을 위한 소통프로그램을 진행하고 있었는데, 재발이라니…. 믿어지지가 않았다.

몸의 기력이 소진되고 면역력이 약해질 대로 약해져 치료받는 것도 힘겨운 나에게 3개월 후 또다시 3차 암 재발이라는 의사의 소견은 절망 그 자체였다. 수술은 절대로 하지 않겠다는 생각에 다른 병원과 명의를 수소문했지만, 한결같이 이미 생긴 암에는 수술을 통해 적출해 내는 방법밖에 없다는 대답이 돌아왔다.

3차 수술 후 깨어나지 못하고 온갖 주사로 약을 맞으며 3~4일을 누워서 지내다 일주일이 다 되어서야 겨우 몸을 일으킬 수 있었다. 몸속에 있는 모든 에너지가 하늘로 날아간 느낌이었다. 구석구석의 세포가 생명력을 잃은 것처럼 느껴졌고 내게 남은 것은 아무것도 없었다.

모든 것을 잃고 살면서 나만 잘하고 원수를 짓지 않으면 모든 것이 순조롭고 성공할 수 있다고 생각해 온 나의 오만함과 자만심이 나를 들어도 듣지 못하게 만들고 보아도 보지 못하게 만들었다는 생각이 들었다.

누군가 어딘가 기대고 의지하고 싶었다. 과거 나의 오만함과 자만심을 내려놓고 누구라도 나에게 살아갈 힘을 주고 이끌어 달라고 간절하게 기도하고 싶었다.

Wave에 대한 존재를 인정하고 그동안 내가 나라고 믿고 소중하게 간직했던 거짓을 벗어버리고 운명과 우주의 힘을 받아들이기 시작한 것은 그때 즈음이었다.

기적 같은 시간을 보내고 새로운 활력을 찾은 나에게 아직도 의심의 질문을 하는 사람들이 있다.

"그럼 누구라도 Wave를 알면 부자가 되고 돈이 생긴다는 말이오?"

"사람마다 타고 난 운의 그릇이 있어서 대표님께서 기대하는 만큼은 아니지만, 지금보다는 부자가 되실 수 있습니다."

"아니 그럼 그릇이 소주잔만 한 사람은 평생 그렇게 살아야 합니까?"

"소주잔이 갑자기 항아리가 되기는 어렵지만, Wave와 플러스 기운을 주고받으며 지혜로워지면 대접 정도는 되지 않을까요?"

"운을 담으려면 그동안 몸과 마음에 쟁여놓은 욕심과 탐욕, 질투심을 내려놓으시고 운의 그릇을 닦으세요. 부자 되시는 데 그 정도 노력은 하셔야죠."

모든 것을 잃고 노숙 생활을 하는 사람도 운의 그릇을 크게 타고 날 수 있다. 그들이 잘못을 저지르기 쉬운 것은 Wave의 힘을 불신하며 노력하지 않고 게으르며 나태한 생활을 해 안 좋은 결과를 가져오게 된 것이다.

하늘은 자신의 운명을 갈고 닦으며 타인과의 삶을 더 좋은 것으로 만들려고 하는 사람을 돕는다. 그러니 당신을 도우려는 우주의 기운을 믿고 그들과 메시지를 교환하고 그들의 에너지를 양껏 담아서 사회적 성공과 행복을 위해 사용하라. 누구나 완전한 부자가 될 수 있지만, 그들의 눈을 멀게 하고 귀를 먹게 하는 것은 의심이다.

당신의 세계관을 바꾸어 나 중심의 사고에서 우주 안에 나의 존재로 바라보고 스스로 황금을 만들어 낼 수 있는 큰 존재라는 것을 믿자.

파울로 코엘료는 《연금술사》에서 사막의 한가운데서 모래바람을 거두고 스스로 황금을 만들어 내는 존재를 당신이라고 말했다.

> "자네가 무언가를 간절히 원할 때
> 온 우주는 자네의 소망이 실현되도록 도와준다네."
>
> …
>
> - 연금술사 중에서 -

크고 넓게 세상을 바라보는 눈을 갖자.

자신을 도와주는 우주의 힘이 있다고 믿게 되면 여러 가지 장점이 생긴다.

● 먼저 든든해진다.

3차 수술을 받고 몸에 기력이 모두 빠져나가 더 이상 혼자 힘으로 아무것도 못 할 것 같을 때, 나는 기대고 의지할 곳이 필요했다. 그래서 간절하게 기도했다. 그때 종교를 가지고 기도를 하며 사회적 관계가 아니라 영적인 관계를 통해 조언을 얻고 의지할 수 있는 든든한 후원자를 얻은 것 같아 힘이 났다. 혼자 힘으로 얻은 것이 아니라는 것을 너무 잘 알기 때문에 대범하게 도전할 수 있었다.

● 작은 일에 감사하고 무엇이 소중한지 알게 된 것도 큰 소득
이다.

무엇보다 만나야 할 사람은 만나게 되고, 일어날 일은 반드시
일어나게 되어있다는 것을 알게 된 이후로 넘치는 복이 들어 왔
을 때 나누는 것이 당연하게 여겨졌다. 신기하게도 나누고 퍼낼
수록 더 많은 재물과 기쁨이 넘쳤다. Waved를 믿으면 비우는
것에 불안하고 조바심이 나지 않는다. 한번 믿어 보자.

『 좋은 Wave는
좋은 Wave를 끌어당긴다 』

　Wave를 믿고 따라서 함께 움직이는 사람은 Waved 된 사람을 쉽게 알아본다. Wave 법칙을 이해한 당신은 쉽게 유혹에 빠지지 않는다.

　중요한 일에 실패한 사람들과 이야기를 나누어보면 "당시에는 왜 그랬는지 모르겠다.", "어떤 일이 별안간 벌어졌다.", "내가 미쳤었던 것 같다."라고 얘기를 한다.

　Waved 된 당신은 쉽게 사기꾼의 말에 현혹되지 않는다. Wave의 법칙을 믿기 때문에 아무런 대가 없이 나에게 약속되지 않은 행운이 오지 않을 것을 알고 있다.

　우주와 메시지를 수고받게 되면 달콤하고 이해하기 어려운 이야기에 집중하지 않는다.

　자기중심적 사고에 빠져서 평소와 다른 선택을 하지 않는다. 1인칭 시점으로 자신을 돌아보기도 하지만, 전지적 시점을 통해 전체를 보려고 노력한다.

당신을 주인공으로 행운을 평가하지 않는다. 눈앞의 정보와 이해당사자 간에 상황을 두고 결과를 해석한다. 당신에게 일어나는 일은 다양한 관계 속에서 상호작용된 결과라는 것을 안다.

좋은 운이 작용하는 장소와 시간에 당신을 위치시킨다.

당신 스스로 좋은 운을 만들어 좋은 사람들과 좋은 기운이 머물 수 있도록 자신을 갈고닦는다.

좋은 운을 끌어당기기 위해서는 최대한 넓은 시야로 자신을 보고, 운이 어디서 어떻게 흘러가는지 파악하며 다가올 상황이 좋은 기회인지 피해야 할 위기인지를 판단하는 능력을 갖추기 위해 노력해야 한다.

『 변화의 중요성을 안다 』

자연은 순환하면서 변화를 통해 평형을 유지한다.

뜨거운 날씨가 오래되면 비를 내려서 온도를 식히고 토양을 비옥하게 만든다. 음식을 섭취만 하고 에너지를 채우기만 하며 사용하지 않으면 병이 생긴다는 것을 안다. 그래서 순환하며 평온한 상태를 유지힌다.

Waved 된 당신은 자신이 배운 것을 고집하지 않는다. 오늘은 맞았지만, 장소와 상황, 시간에 따라 내가 알고 있는 것이 틀릴 수 있음을 안다. 서로 다르게 알고 있는 것에 대해 큰 소리로 싸우거나 다투기 전에 자신이 알고 있던 사실을 확인한다. 원칙은 모든 것이 변한다는 사실일 뿐, 자신의 신념을 고집하지 않는다.

자신이 알고 있는 것은 세상과 지구, 우주의 지극히 일부인 것을 인지하고 새로운 경험과 지식에 늘 열린 마음을 갖고 변화하려는 자세를 유지한다.

어린이나 아랫사람에게도 배울 것이 있다는 것을 알기 때문에 늘 겸손하게 배우려는 자세를 유지한다.

때로는 자신의 신념이 나를 위험에 빠뜨릴 수 있다는 것을 알고 우물 안 개구리가 되지 않도록 환경을 바꾸어 스스로 변화를 추구한다.

운도 바뀐다. 운이 바뀌어 당신에게 돌아오기를 기다리지 않고 당신이 움직여 운의 길목을 찾아 스스로 운을 더한다.

마음과 몸에 정체되어서 순환하지 않는 부분은 음의 기운을 흡수하여 병을 만들 수 있다. 운동과 명상으로 몸의 변화를 촉진해야 한다. 변화하지 않고 멈춰 서 있어 운이 흐르는 길목을 막지 않도록 경계한다.

"젊은 사람들에게 배워야 해요. 나이 많은 사람은 경험이 있지만, 새로운 것은 젊은이에게 배워야 합니다."

한국인 최초로 2021년 아카데미 여우조연상을 받은 윤여정 배우의 말이다. 70세가 넘은 배우가 자신이 오랫동안 연기할 수 있었던 비결 중 하나로 젊은 배우들이 잘하는 것을 배우고 따라야 함을 꼽았다.

Waved 된 당신은 변화를 자신의 단점과 실수를 인정하는 것이 아니라 당신이 더 좋아지는 방법이라는 것을 알고 단점을 보완하는 기회로 삼아 운의 그릇을 닦고 견고하게 만드는 데 사용한다.

『 비교로 스스로 괴롭히지 않는다 』

Waved 된 당신은 자신의 인생을 산다. 자신의 인생을 사는 사람은 다른 사람의 인생과 자신의 인생을 비교하지 않는다. 다른 사람의 가치관으로 자신의 인생을 살지 않는다는 것이다.

운이란 측면에서 볼 때 인간 역시 자연 상태의 한 개체로서 주변 환경과 상호작용하는 것이 좋다. 자연은 생존이 유일한 목표이다. 당신의 생존을 위해 우주의 메시지를 알고 환경을 유리하게 만들어가는 것이 중요하다는 것을 알면 다른 사람과 비교하며 자신을 괴롭힐 필요가 없다는 것을 알게 된다.

남과 비교하지 않으면, 경쟁하듯 조급한 마음을 갖지 않을 수 있어서 상황을 조금 더 전체적으로 이해할 수 있다.

다른 사람과 비교하며 부러워하지 않기 때문에 에너지와 돈

역시 절약할 수 있다.

질투는 사람의 에너지를 소모하는 감정이다. 나보다 못나 보이는 이웃이 좋은 차로 바꾸면 UnWave 된 사람은 질투를 한다. 질투심으로 옆집이 차를 샀으니 나는 더 좋은 차를 사야 한다고 생각하며 쓰지 않아도 되는 돈을 지출하기도 한다.

반면 Waved 된 사람은 진심으로 축하하고 안전을 빌어 줄 수 있다.

Wave는 당신의 운을 만들어 주는 하나의 환경이며, 여기에 맞추는 것은 운을 끌어당기는 방법이 된다. 당신과 당신을 둘러싼 환경만 바라보아야 좋은 운을 받아들일 수 있다. 타인의 운이 좋고 나쁜지 당신이 판단하고 자신의 운과 비교하며 우선순위를 정할 필요는 없다.

비교는 악연을 만들 수 있다. Waved 되면 인간관계를 포함한 자신의 주변 모든 환경이 운을 움직이는 공간이 된다는 것을 깨닫게 된다.
'어떻게 사람이 저런 행동을 할까?'
'배짱이 좋군, 주제 파악을 하고 써야지.'

다른 사람의 소비를 질투하고 스스로 상황을 한탄하며 상대를 깎아내리며 악연을 만들지 않는다. 자신의 형편을 불평하는

데 시간을 보내지 않고 자신의 운을 닦는 데 시간을 보낸다.

하찮은 믿음에 에너지를 집중하지 않는다. 그럴듯해 보이는 것에 대해 질투를 하는 일로부터 시간과 에너지를 절약한다.

피치 못해 불편한 상황이 발생하면 자리를 피하고 진정한 자신을 바라보는 데 집중한다.

많은 사람은 진정한 자신을 바라보지 못하고 자신의 모습에서 끊임없이 고개를 돌리려고 한다. 그리고 다른 사람이 정해놓은 모습으로 살아간다. 그러나 다른 모습으로 살아가니 우주의 운도 다른 사람에게로 갈 뿐이다.

Waved에 가까워지고 행운을 채우기 위해서는 비교를 멈추고 운의 그릇을 닦아라.

■ 기다릴 줄 안다.

얼어버린 겨울 땅에 물을 주고 씨앗을 뿌려도 아무 의미가 없는 것을 안다. 곡식이 부족하다고 겨울을 단축시킬 수는 없다.

Waved 된 상태에서는 단기적인 결과보다 장기적인 안목으로 준비한다.

돈을 벌기 위해 투기보다 투자를 한다. 당장 열매를 따먹을 수 있는 나무를 찾으면서도 30년 후에 수확할 수 있는 나무를 심을 줄 안다.

간혹 주변 사람 중에 "이직해도 될까요?"라고 묻는 이가 있다.

"올해보다는 내년에 회사 차원에서 이직할 기회가 있을 수 있으니 기다리세요."

"지금 죽겠는데 꼭 내년이어야 합니까? 올해는 절대 안 되나요?"

조급함에 애를 쓰는 사람은 자신이 듣고 싶은 대답이 나올 때까지 질문한다. Waved 된 사람은 알겠다고 말한다.

그런 후 지금 관계가 안 좋은데 기다리면서 자신이 집중할 수 있는 방법을 물어본다.

Waved 되어있다면 느려도 방향이 맞으면 기다릴 줄 안다. 미동도 없이 기다리며 Wave의 법칙을 따라서 부자가 된 사람이 있다.

부동산 가격이 폭등하면서 부의 추월차선에 올라서기 위해서 많은 사람들과 젊은이들이 주식과 코인에 투자한다.

UnWave 상태에서는 돈을 잃을까 걱정이 되기 때문에 수시로 장을 확인하며 생업을 뒤로하고 시간과 에너지를 소모하게 된다.

Waved 된 당신은 미래가 유망하고 사업하는 방향에 일관성이 있는 기업에 장기투자를 하고 기다릴 줄 안다. 돈이 복리가 되어 스스로 눈덩이처럼 불어날 수 있도록 기회를 준다.

Wave가 주는 운의 복리를 이해하고 먼저 베풀며 나누기를 통해 운의 길을 닦는다. 그리고 자신에게 운이 들어올 때까지 기다리며 돈복이 크게 들어올 것을 안다.

UnWave 된 사람은 밥이 뜸이 들기도 전에 뚜껑을 열어 보면서 다 된 밥에 재를 뿌린다. 남을 돕고는 상대방이 자신에게 무언가 도움을 줄 것이라고 기대를 하며, 자신이 원하는 보상이 생기지 않으면 상대방에게 불쾌한 감정을 비치며 관계를 단절한다.

복리의 혜택이 생기기도 전에 그릇을 닦아 버린다.

Waved 된 사람은 단기적 투자계획을 실행하며 복리의 효과를 얻을 것에 투자하되 잊고 지내며 자신의 운을 시험하기도 한다.

투자의 귀재 워렌 버핏이 백만장자의 반열에 들어서기 시작한 것이 50대 이후라고 한다. 투자가 집안의 둘째 아들답게 10대 때부터 장사와 투자를 시작한 워렌 버핏은 성장하는 기업을 알아보는 안목과 전략적으로 기다릴 줄 아는 인내심을 가졌기 때문에 세계적인 부자의 반열에 올랐다.

조바심과 결단력은 다르다. 기회가 왔을 때 원칙에 의해 결정을 하고 빠르게 행동하는 것을 결단력이라 한다. 결단력은

Waved 된 당신의 확실한 능력이다.

UnWave 된 상태를 판단하는 기준은 당신이 시작한 모든 일에 스스로 결과를 예측하며 불안해하며 일관성 없이 몸과 마음이 바쁜 상태인지를 확인해 보는 것이다.

당신을 위해 준비된 Wave의 운의 법칙을 기억하고 완급을 조절하며 천천히 쉬지 않고 걸어갈 수 있는 평온한 마음을 가져라.

『 결과를 예측하고 감정을 조절한다 』

'잘 잊는 것'도 성공의 비결이다.

특히 과거의 성공만을 기억하며 스스로 편견에 가두지 않는 것이다. 과거의 실수로 망신을 당한 경험을 떠올리며 새로운 도전을 망설이지 않는 것이다. 과거에 망신을 당한 기분과 불편한 감정을 잊는 것이 좋은 운을 불러들이는 방법이다.

대학교 졸업을 하고 취직을 해야 하는 젊은이 A는 자신이 쉽게 취직하지 못한 것이 다른 친구들처럼 열심히 하지도 못하고 머리가 안 좋아서라며 자책을 했다.

"언제나 제자리인 것 같아요."라며 자기 환멸의 감정을 드러냈다.

"물은 항상 흐릅니다. 에너지도 흐르죠. 아무 노력도 하지 않았다면 벌써 흘러내려 갔을 겁니다. 같은 곳에 머무는 것만으로 엄청난 노력을 하고 있다는 것과 같아요."

그는 실제로 스스로 머리가 좋지 않다고 생각하고 취직을 위해 하루 14시간씩 공부를 했다. 몇 번의 지원을 통해 실패한 경험과 좌절감을 깊이 가슴에 새기고 있었다. 그러면서 자신이 취직을 위해 얼마나 노력하고 절실했는지 기억하지 못하고 있다.

반면 몇 번의 실패에도 새로운 이력서를 준비하는 B는 직전 인터뷰 과정을 복기하며 새로운 도전 각오를 작성해 본다. 지원한 기업에 다니고 있는 선배를 찾아가 회사 생활과 합격 노하우에 대해 이야기를 듣는다.

당신이 어제의 나를 잊고 오늘 당신이 되고 싶은, 당신이 해야 할 말과 행동을 한다면 어제의 당신이 아니다.
어제에 묶여 있다면 오늘의 새로운 에너지를 받아들이지 못한다.

> **"과거에는 힘이 없다."**

당신은 오직 당신이 되고자 하는 미래를 마음속에 간직하고 일관되게 우주에 신호를 보내면 된다. 과거에 생긴 일에서 교훈을 얻어 오늘 더 잘하고 싶은 일을 시작하면 된다.

충격을 받은 일도 시간이 지나서 생각하면 나에게 교훈을 준 사람이 된다.

믿었던 친구가 있었다. 그녀는 항상 화려했고 모임을 주도했다. 매력적인 그녀를 친구들은 모두 사랑했고 그녀의 말을 따랐다.

그러던 어느 날, 급하게 돈이 필요하다며 돈을 빌려 달라고 요청했다.

마침 여윳돈이 있어 빌려주었다. 그러나 그게 그녀를 실제로 본 마지막 날이 되었다. 수소문 끝에 그녀가 수출 계약이 깨지면서 주변 여러 명에게 돈을 빌렸다는 사실을 알게 되었다. 그리고 그녀 때문에 당시 두 아이의 학비를 급하게 마련하느라 어려움을 겪기도 했다.

그녀와의 경험은 나에게 가까운 사이일 경우 특히 돈거래를 할 때는 조심하게 만드는 습관이 생겼다. 사업을 하며 급하게 예산을 집행하지 않고, 예비비를 마련해 어떤 일이 있어도 개인적인 용도로 지출하지 않는다.

전화위복이라는 말이 있다. 한때는 열렬하게 사랑했던 여인을 떠나보내는 슬픔을 겪을 때도 있다. 믿었던 파트너에게 배신을 당할 때도 있으며, 원하는 곳에 취직하지 못하고 시험에 떨어지는 일도 많다. 하지만 이렇게 나에게 찾아온 불행한 일이라도 화가 바뀌어 복으로 변해 돌아올 수 있다는 뜻이다.

결과가 달라지면 해석도 달라진다. 첫사랑과 헤어졌지만, 지금 행복한 가정생활을 한다. 파트너의 배신으로 사업을 더 철저하게 운영하는 습관이 생긴다. 더 좋은 비즈니스 기회를 만나게 된다.

상황과 환경이 운을 만나 당신을 부의 상승곡선에 올려놓을 수 있다고 믿고 강인한 정신력으로 운의 크기를 키워라.

실패에 집착하느라 필요 이상으로 두려워하며 미래를 위해 해야 할 일을 미루는 일은 없어야 한다.

Waved 된 당신은 실패가 당신을 더 성장시키는 경험치를 높여 줄 것이라 생각한다. 어려운 일이지만 Waved 된 당신은 가능하다. 고비를 넘기면 당신은 타고난 운보다 좋은 운을 받아들이게 된다.

실패한 원인은 한 가지가 아니다. 실패의 모든 원인을 자신에게 돌리며 자책하지 않아야 한다. 대신 겸손과 용기를 일깨우며 다음 운을 받을 준비를 하는 것이 좋다.

감정에 휘둘리지 않는 것을 멘탈이라고 한다. 불같은 감정에 흔들리면 Waved 된 사람도 한순간에 나락으로 떨어질 수 있다.

때로는 당신을 이유 없이 비난하며 위험에 빠뜨리려는 사람이 나타날 수 있다. Waved 되어있다면 그런 위기에 감정보다는 상황을 명확하게 판단해 위기를 이겨낼 수 있는 강한 멘탈을 가지고 있다.

> "마음은 늘 변하지만, 그 배경에 있는 변함없는
> Wave의 법칙의 가치에 집중하라."

사소한 생각이 들 때면 완전한 부를 이루기 위한 준비과정을 생각하라. 당신이 가야 할 길을 안다면 어디에 사소한 생각과 소중한 생각을 집중해야 할지 구분할 수 있게 된 것이다.

『 건강을 위한 행동을 습관화한다 』

부의 상승곡선을 타기 위한 첫 번째 Wave 과정은 비우기이다. 비우기란 당신이 당신의 것이라고 믿었던 모든 것을 다시 되짚어 보고 새로운 것과 더 좋은 것으로 당신의 몸과 마음, 외면과 내면을 채우는 과정을 말한다.

비우고 나면 드러난다. 어디에 구멍이 나 있는지 어디가 썩고 망가졌는지 알 수 있다.

당신은 자신의 신체에 감사한 적이 있는가?
당신은 타고 난 건강이 당연하다고 생각하는가?

수술보다 더 힘든 것은 재활이다. 연이은 3번의 수술로 나는 건강이라는 단어보다 회복이라는 단어를 머리와 가슴에 새기며 하루하루를 버텼다. 수술 전에도 위가 약해 먹는 것을 조심했는데 오랜 투병과 독한 약은 나를 더 약하게 만들었다.

몸이 쇠약해지면서 몸에 대해 더 잘 알게 되었다.
지금 나에게 필요한 것이 무엇인지 알 수 있었고, 작은 자극에
도 몸이 싫어하는지 알 수 있었다. 과거에 몸에 대한 죄책감을
느끼지 못하고 먹던 음식도 이제는 똑같이 먹으면 몸에서 바로
신호가 왔다.

암은 나에게 에너지를 모두 빼앗아 갔지만, 나의 몸과 마음을
다시 들여다 볼 수 있는 기회를 주었다. 타고난 체력과 건강을
당연하게 생각하고 사용한 대가는 혹독했지만, 더 늦기 전에 이
세상에 당연한 것은 하나도 없다는 것을 알게 되었다.

Waved 된 당신은 큰 병이나 사고가 생기기 전에 미리 건강을
생각하고 몸에 있는 에너지를 소중하게 생각하며 조절해 사용
할 줄 알았다.
많은 사람들 앞에서 자신의 건강을 자랑하기 위해 폭음을 하
지 않는다. 입에서 즐거운 음식보다 몸이 즐거워하는 음식을 조
금 먹는다. 많이 움직이며 행운의 주파수를 알아차리기 위해 항
상 몸의 컨디션을 조절하고 준비한다.

진짜 건강하길 바란다면 그냥 좋아서 하는 운동을 즐겁게 하

라. 등산도 산이 좋으면 즐겁게 가라. 사람은 자신의 건강을 당연하게 여기면서 실수를 반복함에 따라 병이 생긴다.

현대 사회는 무척 복잡하고, 너무 많은 정보와 해야 할 일을 만들어 낸다. 그 속에서 당신은 내 것인지 남의 것인지도 모른 채 무엇이든 집어삼켜서 소화불량 상태가 되었다.

많은 사람이 무조건 먹은 음식으로 인해 고통받고 있다. 너무 많은 정보를 받아들인 사람은 두통으로 고생하며 스트레스 상태가 된다.

거듭된 우주의 신호에도 불구하고 이를 감지하지 못한 사람은 큰 병에 걸려 많은 돈과 시간과 노력을 써가며 건강했던 때로 시간을 돌리고 싶어 하지만 때를 놓치곤 한다.

하지만 시간을 되돌려 당신에게 주어진 운의 신호에 가까워지는 것이 불가능한 일은 아니다. 이제부터 '진정한 자신'에 가까운 것만을 남기고 모든 것을 버리면 된다. 버리기 시작하면 차차 모든 것이 순조롭게 풀려나감을 알게 될 것이다.

몸은 운을 담는 그릇이다. 깨지고 헐어 있으면 운을 담을 수 없다. 우주는 항상 건강을 위한 균형을 유지한다. 몸의 치유도 자연스럽게 스스로 건강을 유지하기 때문에 우주와 주파수를 맞추고 맡기면 감쪽같이 치유될 수 있다.

건강하면 병은 사라진다. 우주는 영원히 건강하다. 건강한 우주에 자신을 맡겨라. 몸이라는 공간의 거주자는 바로 순수한 '진정한 자신'이며, 이것이 바로 당신이다.

『 나눔을 통해 더 큰 행운을
받을 준비를 한다 』

시간이 정지되어 있지 않듯이 자연의 상태도 계속 움직인다. 당신의 변화에 속도를 높이고 싶다면, 특히 힘든 시간을 빨리 지나가게 하고 싶다면 순환 속도를 높여야 한다.

속도를 높이기 위해서는 몸과 마음, 영혼을 가볍게 만들어야 한다. 나눔은 당신의 몸과 마음, 영혼을 가볍게 해서 좋은 기운을 만든다.

당신이 사막에 떨어져 한없이 걷고 있다면 주머니에 있는 황금을 무겁게 들고 걷지 않을 것이다. 주머니의 황금을 덜어낼수록 당신은 자유로워진다.

UnWave 상태에서는 주머니의 황금을 덜어내면 다시 돌아오지 않을 것 같은 마음에 주머니 속 행운을 덜어내지 못한다. 주머니 속과 은행에 가만히 있는 돈은 돈이 아니다. 돈은 써서 흘러 다녀야 돈의 역할을 다하는 것이다.

Waved 된 사람은 돈을 풀어 돈을 끌어당기는 Wave의 법칙을 실천한다. 우주는 단순하다. 당신이 돈을 사용하면 돈에 운을 작동시킨다.

완전한 부를 이룬 당신은 가득 채워도 자신의 그릇이 넘치면 어떤 방법으로든 손실이 발생한다는 것을 경험으로 알고 있다.

나는 국회에 아카데미를 개설하고 국내 최초로 CEO와 보좌관을 대상으로 소통강좌를 운영하며 큰 흐름을 탈 수 있을 것이라 믿었다. 하지만 몸이 아파 오며 에너지가 빠지면서 재정적인 부분도 약해지기 시작했다. 지인과의 약속을 어기고 예정된 교육이 진행되지 못하게 되는 상황으로 고객도 떠났다.

평소에도 '밥 잘 사는 언니(누나)'로 통하던 나는 모르는 사람을 위해서도 쓰일 나눔에 대해서 생각하게 되었다.

기부를 통해 재물을 흘러가게 하면 좋은 점이 있다. 내가 열심히 번 돈을 잘 알지도 못하는 사람을 위해 사용하는 것 같아 아깝고, 투명하게 사용되는지 의심도 된다. 열심히 일한 돈이라도 돈에는 어두운 기운이 서려 있다. 밝은 기운이 담긴 재물도 있지만 보이는 곳에 있는 밝은 재물은 대부분 다른 사람이 차지하고 있다.

당신이 정당하게 벌어들인 돈 중에도 어두운 기운이 담겨 있는 일부를 에너지가 흐르는 방향으로 기부하면 에너지의 흐름이 빨라지면서 당신에게 흐르는 운의 기운이 빠르게 돌아온다.

현대 사회에서 돈은 권력과 시기와 질투, 경쟁의 원인이 된다. 그래서 흐르지 않는 재물은 당신을 위험에 처하게 만드는 원인이 될 수 있다. 위험의 원인이 되는 재물을 일정량 계속 밖으로 흐르게 하면서 빈자리를 만들어 두면 그곳에 새로운 기운이 들어오게 될 것이다.

기부는 정말 돈에 여유가 있는 사람만이 하는 자선 행동이 아니다. 나눔은 남을 돕는 행위이다. 좋은 마음의 일부를 물질을 통해 비워두면 새로운 기운을 불러들이고 어두운 기운을 빠르게 배출하는 데 도움이 된다.

세계적인 부자 빌 게이츠와 우리나라의 기업인 등 많은 기업이 기부에 동참하는 모습은 자연의 이치라는 측면에서 보아도 지극히 당연한 행동이다.

비워야 새로운 좋은 기운을 채울 수 있다. 지금 당신의 운의 그릇을 채우고 있는 것 중 어두운 기운을 품고 있는 것부터 비우기 시작하라. 운은 누구에게나 공평하다. 당신이 그릇을 준비하고 기다리면 우주가 당신의 기운을 채워주기 위해 준비할 것이다.

좋은 기운을 위해 비워야 할 것들	좋은 기운을 위해 채워야 할 것들
■ 내가 아니면 안 된다는 생각 ■ 지나친 열정 ■ 완벽함을 추구하는 마음 ■ 인연에 대한 욕심 ■ 재물에 대한 지나친 욕심 ■ 아집과 편견	■ 기도하기 ■ 산행하기 ■ 운동하며 근육 만들기 ■ 좋은 인연 만들기 ■ 긍정적인 마음 가지기 ■ 감사함을 갖고 생활하기

〈행운을 위한 비움과 채움 리스트〉

일례로, 각 개인의 입장으로 기부를 시작하는 많은 사람들의 동기는 개인적인 이유가 대부분이다. K 씨도 절세혜택과 기업 이미지 상승을 위해 기부를 시작했다고 한다. 자영업자 B 씨는 자영업을 운영하기 너무 힘든데 기부를 하면서 나보다 못한 사람을 돕는 것 같아. 자존감이 올라간다고 했다. 종교가 있는 C 씨는 아들의 사시 합격을 위해 절에 시주를 하고 나눔을 실천하기 시작했다고 했다.

하지만 이들은 현재 상황이 달라졌음에도 불구하고 기부와 나눔의 실천을 이어가고 있다. 자신의 일신상 이유로 시작한 기부이지만, 모든 일이 더 좋게 변해가고 있는 것을 실감했기 때문이다. 한번 시작한 기부를 계속할 수 있게 해달라고 말하니 사업이 계속 잘 되었다.

기부가 사업에 부담이 되어서는 안 되기 때문이다. 아들은 이미 시험에 합격했지만, 취직에 성공한 아들이 잘되어 더 많은 나눔을 할 수 있게 되었다고 했다.

기부와 나눔을 경제적인 대가를 전제로 기부하라는 의미로만 받아들이지 않는다면 순수한 의도로 에너지를 순환시킬 방법은 얼마든지 있다.

당신에게 남아있는 에너지를 다른 사람을 위해 사용하는 것이다. 나의 것을 덜어내는 행위는 기의 순환을 활발하게 만들어 운을 높이는 방법이다. 에너지는 흐른다. 당신의 행동은 당신 주위를 더 밝은 에너지로 채우게 될 것이다.

의지가 행동을 만들기도 하지만, 행동이 생각을 바꾸기도 한다. 일단 이기적인 동기를 막론하고 작은 나눔이라도 실천해 볼 일이다.

외로움이 많은 친구에게 문자를 보내 안부를 묻고 당신의 재능이 도움이 될 만한 사람에게 먼저 도움이 필요한지 물어보는 것에서 시작하는 것도 좋다.

완전한 부를 이루기 위해서는 당신의 운의 기둥을 단단하게 쌓아서 흔들림 없는 댐을 만들어 두어야 한다. 그 과정은 혼자만의 힘으로 되지 않는다.

운의 그릇을 비워두고 더 큰 부를 받을 준비를 하라.

당신이 비우고 채움을 준비하는 과정에 동의했다면, 이제 '완전한 부를 이루기 위한 5가지 절대법칙'을 알아보도록 하자.

PART **2**

The Wave

◇
◇
◇
◇
◇
◇

완전한 부를 이루는
5가지 절대법칙

Wave 제1법칙
『 돈을 부르는 부의 법칙 』

Wave를 믿고 실행하는 당신이라면 돈을 끌어당기는 당신의 능력은 Wave의 힘을 확인하는 능력 중 하나일 뿐이다. Wave는 당신이 그저 돈과 물질을 소유하는 것 이상으로 평온하고 완전해지는 것을 목적으로 하고 있다.

당신은 돈 이상을 받을 운명을 타고났다.
당신이 원하는 부를 이룰 자격이 있다.
Wave는 그것을 알고 있다.
Wave는 당신이 원하는 걸 줄 준비가 되어있다.

현대 사회에서 힘이자 문제해결을 위한 촉진자가 되는 돈을 원하는 사람이 많지만, 실상 우리는 돈에 대해 제한적 세계관을 가지도록 교육받는다.

"부자가 천국에 가는 것은 낙타가 바늘귀에 들어가는 것만큼 어렵다."

이런 식의 제한된 세계관을 심어주는 교육으로 우리는 돈을 불러들이는 것이다.

하지만, 현실에서는 '무전유죄, 유전무죄'로 많은 일을 정당하게 처리할 수 있는 힘으로 표현되기도 한다.

'돈을 사랑하면 벌을 받는다.'라고 말하는 한편, 착하고 선하면 손해를 본다고 말하면서 돈에 대한 기준을 흔들리게 만들어 놓는다.

하지만 대부분 속마음은 물질적 풍요함 속에서 영적으로 행복감을 느끼며 살고 싶은 마음이 있는 것은 분명해 보인다.

가난하게 태어나는 것은 잘못이 아니지만, 가난하게 죽는 것은 당신의 잘못이다. 가난한 마음은 가난을 부른다.

Wave는 양의 기운을 가지고 당신의 부를 플러스시킬 준비가 되어있다. Wave는 당신이 부자가 되는 것을 부끄럽게 생각하라고 말하지 않는다. 부자가 되어서 인생을 더 멋지게 살 수 있도록 Waved 된 완전한 부를 이루라고 말한다.

Wave는 당신이 돈에만 집착하면서 당신의 즐거움이나 행복에 주체가 뒤바뀐 채 돈을 모으려고 애를 쓰면서 인생을 낭비하기를 원하지 않는다.

물질이나 돈에 사람이 빠지면 당신의 확장된 성장은 중단된다. 돈이 가져다주는 모든 외부적인 것, 물질, 권력, 명성, 업적 등에 유혹되어 부유함에도 불구하고 UnWave 된 상태에서 하루하루 불행하게 살아가는 것을 경계해야 한다.

물질에 집착하게 되면 당신이 기뻐서 웃는 것인지 물건이 있어서 기쁜지를 구분하기 어렵다. 결국 살아가는 진정한 즐거움을 잃게 되어서 물질이 없는 상태를 불행하다고 착각하게 만드는 것이다.

경건한 삶을 사는 것이 부자가 될 수 없다는 뜻은 아니다.

돈은 에너지이다.

그럼에도 돈을 못 모으는 사람 중에는 돈이 에너지라는 사실을 모르는 사람이 많다.

"돈은 무한한 에너지이다."

완전한 부를 추구해야 하는 이유는 당신은 얼마든지 성장할 수 있지만 언제든지 무너질 수 있기 때문이다. 유혹은 도처에 있고 당신의 부와 명성, 권력을 시기하는 사람은 어디에든 있다. 그들은 당신이 무너지기를 바라고 당신의 돈이 자신의 주머니로 들어오기를 바라며 호시탐탐 기회를 노리고 있다.

당신은 당신 목숨만큼이나 Wave의 법칙을 지키며 완전한 부에 이르고자 하는 관점에서 돈을 바라보며, 영원한 부자로 살아가는 것을 중요하게 여겨야 한다.

돈이 에너지라는 사실을 알아차린 사람과 돈이 동전이나 지폐라고 생각하는 사람의 부의 차이는 어마어마하게 달라진다.

중견기업의 P는 자신이 기업을 운영하는 동안 회사를 더 키우고 싶었다. 그래서 자금난이 어려운 회사를 골라 M&A를 진행해 계열사를 늘려 사세를 확장해 갔다.

그는 살아생전에 기업을 키워 대기업 반열에 오르고 싶었다. 그래서 무리하게 회사를 확장하게 되었다. 그런데 이 과정에서 M&A를 진행하던 회사가 자신의 회사 내부 사정을 많이 알게 되어서 여론을 조작해 주가를 하락시키는 일을 벌였다. 결국 회사는 큰 위기에 처하고 강제적으로 외국 기업에 합병되었다. 현재에도 그는 여전히 기업의 대표이지만, 의사를 결정할 권한이 약해졌다. 회사 운영은 자신이 생각하는 방향으로 진행되지 않았다.

P는 건강이 악화하면서 마음이 조급했다. 아들이 어려서 경영권을 물려주기는 어려운 상황에 무리수를 두어 의사결정 일선에서 물러나는 결과를 초래했다. 꾸준하게 키워 온 회사인 만큼

의사결정권을 상실하면서 권력과 명예를 한꺼번에 잃는 상황에 처하게 되었다.

"돈을 잃었다면 이렇게 헛헛하지는 않았을 것 같아."
"여태 바쁘게 지내셨으니 좀 쉬셔도 좋으세요."
"바쁠 때는 늘 쉬고 싶었는데 갑자기 쉴 시간이 많아지니 잡념이 많아지네."

근교에서 만난 그는 편안해 보였지만, 생기는 없었다.

"회사는 원하는 대로 커졌는데, 내 것 같이 느껴지지 않는군."

외국계 컨설팅회사의 주도하에 회사는 더욱 커졌다. 글로벌 프로젝트에 참여하게 되었다는 보도도 나왔다. 그가 보유한 주식 가치를 환산하면 수백 배의 자산을 보유하게 되어 자신이 지닌 부의 규모가 커졌음에도 어딘지 쓸쓸해 보였다.

당신이 번 돈이 오직 물질적으로 환산된다면 부를 제대로 누리고 있다고 할 수 없다.

"막대한 부자와 지독한 가난뱅이의 공통점은 사는 게 재미가 없다는 것이다."

그는 재미가 없었다. 사업에 필요한 중요한 결정을 앞두고 밤을 새우며 고민하던 기억과 생산라인에 생긴 문제를 해결하기 위해 갑자기 만들어진 TF팀과 출장길에 나서 멋지게 해결해 낸 추억들이 주마등처럼 스쳐 갔다. 동시에 지금 조용한 일상이 낯설게 느껴졌다.

"이 나이가 되면 돈이 있어도 병원비 말고는 쓸 데가 없군, 어서 돈이 할 일을 찾아야겠어."

막대한 부를 얻었더라도 설레는 일이 없다면 완전한 부라고할 수 없다. Wave는 당신이 즐거운 순간에 관심이 많다.

Wave가 준비한 막대한 부를 보지 못하고 물질세계에서 돈을 최고로 여기며 돈을 벌기 위해 사람을 이용하기 시작하면 '돈은 악의 근원'이 된다.

당신의 자존감과 존재 이유를 돈에만 집중한다면, 과정은 무시한 채 돈을 버는 것에만 집중한다면 우주에너지와 분리된다. 이는 태아가 엄마의 탯줄과 단절되는 것과 같다.

Wave와 분리되어 부를 쌓을 수 없다. 언제 잃어도 이상하지 않을 부를 유지하기 위해 매순간 불안하고 애써가며 스스로 괴롭히게 된다. 결국 당신의 생명력만 줄어드는 결과가 될 뿐이다.

■ 큰 꿈을 꾸어라

"항상 돈이 문제지 뭐."

"돈이 있어야 해결이 될 텐데."

주변에 종종 이런 말을 하는 사람들을 자주 보게 된다.

그런데 그런 사람에게 돈을 빌려주면 얼마 가지 않아 같은 문제로 또 찾아온다.

"나는 놀부 마누라가 왜 흥부 뺨을 밥주걱으로 때렸는지 이해가 된다."

고향에 다녀온 친구는 이야기를 이어간다.

"아버님이 남겨주신 땅에 대신 농사를 지어주시니까 비료와 농약을 사드리고 농사짓는 데 필요한 걸 다 제공하는데 추수하고 나면 농작물은 따로 돈을 주고 사 먹어야 한다니까!"

"그래, 많이 어려우신가 보다."

"아니 늦장 부리다 수확 시기를 넘기면 농작물 가격이 반값이 되는데 재촉하지 않으면 서두르지를 않는다니까. 아버님 살아계실 때 아주머니 흉을 너무 보시길래 심하시다고 생각했는데, 이제 보니 왜 가난한지 알겠더라, 일일이 챙기지 않으면 알아서 하는 것이 하나도 없다니까."

"그 정도야?"

"불쌍해서 도움도 많이 드렸는데, 5년 정도 지나니까 폭언과 폭력을 왜 쓰는지도 공감이 가려고 한다니까?"

당신에게 생길 막대한 부의 Wave를 믿지 않으면 당신은 게을러지기 시작한다. 나태와 게으른 사람은 Wave의 주파수에서 쉽게 벗어날 수 있다.

Wave의 영향력을 끌어당기기보다 주변 사람에게 기생하며 자신에 먹을 것을 책임져 주는 사람이 그의 주인이 된다.

스스로 주인이 되지 못하면 자존감은 낮고 자존심은 높아 마음에 문을 닫으며 불안하고 불편한 삶을 살면서 "인생은 불공평하다."고 불평을 하면서 술로 하루 일당을 써 버린다.

매일 어렵게 애를 쓰며 살면시 행운을 경험해 보지 않은 사람은 의심이 많아진다. 큰 기회가 될 것이라는 말에 사기꾼이 아닌지 무조건 의심을 하고 시작을 한다.

중국 최대 온라인 쇼핑몰 '알리바바'의 창업자 마윈은 이런 말을 했다.

세상에서 가장 같이 일하기 힘든 사람들은 가난한 사람이다.

자유를 주면 함정이라고 얘기하고

작은 비즈니스를 얘기하면 돈을 많이 벌 수 없다고 얘기한다.

큰 비즈니스를 얘기하면 돈이 없다고 한다.

새로운 도전에는 경험이 없어서 안 된다고 하고

전통적 비즈니스라고 하면 경쟁이 심해 어렵다고 한다.

새로운 비즈니스 모델이라고 하면 다단계라고 하고

상점을 같이 운영하자고 하면 자유가 없다고 하고

새로운 사업을 시작하자고 하면 전문가가 없다고 한다.

그들에게는 공통점이 있다.

구글이나 포털에 물어보기를 좋아하고

희망 없는 친구들에게 의견 듣는 것을 좋아하고

대학교 교수보다 더 많은 생각을 하지만

장님보다 더 적은 일을 한다.

그들에게 무엇을 할 수 있는지 물어보면

그들은 대답할 수 없다.

그들의 인생은 기다리다가 끝이 난다.

…

- 마윈 -

당신에게 물어보겠다.

당신은 가난한가? 혹은 가난해도 괜찮은가?

지금부터 당신을 위해 비추는 스포트라이트인 Wave의 강력한 에너지에 힘을 믿고 부자가 되기를 결심하라.

겨우 매일매일 필요한 돈을 구하기 위해 애쓰며 살아가면서 전전긍긍 살아가지 않겠다고 선포하고, 부를 통해 더 멋진 인생이 당신에게 놓였다는 것을 믿어라.

더 크게 생각하고, 더 큰 위험을 감수하고 더 크게 행동하고 당신을 위해서 당신에게 Wave 법칙이 어떻게 작동하는지 깊게 이해하고 부를 받아들여 돈을 끌어당겨라.

완전한 부자가 되기 위해 할 첫 번째 법칙은 부의 행운을 받을 준비를 하는 것이다.

거리의 노숙자에게도 부자가 될 운이 있지만, 그들은 매일 어디에서 끼니를 해결해야 하는지 고민을 하고, 끼니가 해결되면 누워서 하루를 보내다가 운을 받을 기회를 놓친다.

그들이 타고난 운이 약해서 가난하게 살고 있는 것이 아니다.

당신도 마찬가지이다. 인생은 당신을 위해 다양한 행운과 이벤트를 준비해 두었다.

우주를 지배하는 Wave의 법칙에 확신을 갖고 꿈을 키우며, 꿈을 선포하고 행동하라.

마윈은 가난한 경극 배우 아들로 태어나 키가 작고 못생겨서 '못난이 윈'이라고 불렸다. 고등학교를 재수로 들어갔고 항저우사 범대학교는 운 좋게 정원 미달로 겨우 입학할 수 있었다. 그러다 가 중학교 시절 영어 선생님을 짝사랑해 영어공부를 시작하게 되었다. 이것이 결정적 기회가 되어 항저우에 방문하는 관광객 을 상대로 관광 가이드를 했다. 호텔에서 지나가는 외국인에게 무료로 도시를 안내해 주었다.

마윈은 관광 중인 외국인의 대화를 주의 깊게 들었다. 미국에 서 시작된 IT 기술에 대한 이야기를 듣고 자신이 살던 아파트에 IT 회사를 차렸다. 그는 가난하게 태어났지만, 가난함을 자신의 운명으로 받아들이지 않았다.

당신의 무한한 에너지를 당신의 몸 안에 가둬두고 스스로의 힘을 과소평가하는 잘못을 저지르지 않아야 한다.

당신이 돈에 가질 분노 두려움 비판 등에 쓸 에너지는 열정에 에너지와 그 형태와 성질이 같다. 다만, 당신이 에너지의 중심을 어디에 둘 것인지를 결정하는 것에서 부의 법칙은 시작된다.

■ 미래는 결정에 의해 정해진다

당신이 부를 선택한 순간 이미 부유한 미래의 우주선에 올라 탄 것과 같다.

부자가 되기로 했다면 조금 더 구체적으로 꿈을 꿔보자.

"나는 1억 연봉을 받을거야!"라고 선포하는 순간 우주는 1억에 주파수를 맞춘다. 당신은 1억에 동기화가 이루어진다.

우주도 "나도 네가 크게 배팅해 주기를 원하고 있었다."라는 신호를 보낸다.

1억 원를 결정할 때 주의해야 할 생각이 있다.

'3천만 원도 못 버는 내가 1억 원이 될까?'라는 마음의 소리를 Wave에 들키지 않는 것이다.

당신이 정한 목표 1억 원에 따라 행동하고 끊임없이 목표를 생각하며 느끼고, 그 목표에 가까워질 수 있는 행동을 반복하라.

처음 천만 원을 한 달에 벌었다면 그 생각과 느낌 행동을 기억하고 강화하면서 같은 방향으로 움직여라.

> Wave도 당신이 향하는 방향으로 따라 움직일 것이다.
> Wave는 당신이 원하는 대로 할 뿐이다.

목표를 정한 후에도 카드 청구서를 걱정하고 돈이 부족하다고 여러 사람에게 이야기하면서 스스로 흙수저라고 폄하하면 당신이 말하는 대로 된다.

이만하면 됐다는 말은 당신이 할 이야기가 아니다. Wave가 당신의 운에 그릇을 채운 후 조절할 것이다.

■ 환상을 현실로 만드는 법

백만장자가 되기 위해서는 어떤 사람이 되어야 할까?

부자가 되고 싶지만, 고생하는 것은 싫다는 생각이 머릿속 깊이 있어도 당신의 주파수는 Wave를 진동시킨다. 그것은 소리가 되어 전달되고 냄새가 되어 퍼지고 빛의 속도로 메시지를 전송한다.

요즘 학생들의 소원 중 하나는 부자 할아버지를 두는 것이라고 한다. "재벌이 꿈인데 아버지가 게을러요."라는 유머가 유행한다.

당신이 원하는 꿈을 큰 종이에 적어서 책상 앞에 붙여 놓았다면 그것은 환상이다.

여름에 몰디브에서 휴가를 즐길 계획을 세웠다면 당신이 가장 먼저 해야 할 행동은 무엇일까?

행동은 원하는 것을 이루기 위해 매우 중요하지만, 결과를 만들어 내는 것은 행동이 아니다. 행동은 당신이 정한 목표가 명확하고 당신이 그것을 이루기 위해 확고하다는 것을 Wave에 전달하고 확인시켜주는 것이다.

당신이 생각하고 느끼고 행동하는 것이 일관되게 목표를 향해 있다면 Wave가 당신에게 행운의 입김을 불어 당신이 원하는 곳으로 보내줄 것이다.

마치 '오즈의 마법사'의 도로시가 태풍을 타고 오즈에 도착한 것처럼 당신도 Wave의 상승곡선을 타고 당신이 원하는 곳으로 날아가게 될 것이다.

Waved를 경험한 부자가 막대한 부를 이루고도 항상 여유 있는 모습을 보여주는 원리는 여기에 있다. 그는 습관적으로 원하는 목표를 Wave가 좋아하는 장소에 두고 기다리며 다른 일에 몰두한다.
아무리 큰 연을 만들었다고 해도 바람이 불어주지 않는다면 연을 날릴 수 없다. Wave는 너무 단순하고 당연한 법칙이다.

Wave가 당신을 위해 준비한 행운을 믿기 위해서는 단 한 번의 경험이면 충분하다. 행운이 반복되면 당신은 스스로 자신을 "운이 좋은 사람이다."라고 부르기 시작할 것이다.

당신을 부의 상승곡선에 올라타게 할 단 한 번의 Wave를 경험하기 위해 대담하게 과거와 다르게 행동하는 것이다. 받은 만큼 일하지 말고 계약금의 2배에 해당하는 일을 해주어라. 그러면 곧 2배의 계약을 할 수 있는 기회의 순풍이 당신에게 올 것이다.

나이를 한 살 더 먹으며 두 배의 좌절감을 맛보기 싫다면 지금 시작해 보자. 해마다 쓰는 새해 계획에서 하나둘씩 지워나가면 당신의 슬로건은 현실이 된다.

■ 돈의 핵폭탄

많은 사람이 부자가 되고 싶어 복권을 산다. 매주 매해 복권 당첨자는 늘어나지만, 왜 당첨자 중 70%가 몇 년이 되지 않아 파산하고 복권 당첨 전보다 불행해지는 것일까?

월급쟁이 연봉의 수백 배에 해당하는 수입을 올리는 미국 프로축구 선수의 82%가 돈을 낭비해서 2년이 채 되기도 전에 파산신청을 하는 이유는 무엇일까?

그들은 버리고 준비하고 채우는 Wave의 단계를 거치지 않고 단지 운으로 대박을 맞이했기 때문이다. 게임에서 이긴 비결이 패가 좋아서라면 패가 바뀌어 전투력을 상실한 것이다.

Wave는 당신에게 행운을 선물하지만, Wave의 선물로 주어진 행운을 복리로 운영할 능력이 준비되어 있지 않아 더 비참한 현실을 맞이하는 사람들이 생긴다. 그들은 부자가 되었지만, 여전히 몸과 마음은 UnWave의 세계에 있었던 것이다.

Wave의 흐름을 이해하지 못하고 갑자기 큰돈을 벌 수는 있지만, 돈을 관리하고 새로운 운을 불러들이는 데 쓸 줄 모르기 때문에 복권 당첨이나 예상치 못한 횡재가 오히려 큰 악몽으로 변한다.

당신 스스로 부를 감당할 사람이 되어야 한다.

Waved 된 당신은 가만히 앉아서 기도만 하면서 부가 굴러들어오기를 바라고 있지 않는다. 무엇이든 스스로 할 일을 찾아 돈이 벌릴 때 더 큰 부를 만들어 내기 위해 직접 돈을 번다.

돈이 목적이 아니라, 돈을 벌 수 있고 돈을 통해 부를 일굴 수 있는 사람이 되는 것에 집중한다.

"자신만의 복권을 만들어라."

스스로 부를 만들고 창조해 본 적이 없는 사람은 단기간에 재산을 잃는다. 복권의 금액의 크기는 Wave가 결정해 준다.

한 번에 큰돈이 되지 않는다고 쉽게 포기하거나 불평하지 않아야 한다. 당신에게는 아직 긁지 않은 행운의 복권이 있기 때문이다.

Waved 된 사람은 현명하게 기다릴 줄 안다.

또 한 번에 굴러들어 온 돈에서 에너지를 마이너스시키는 어두운 기운을 제거하기 위해 부를 나눌 줄 안다.

우리 속담에 "급히 먹은 밥에 체한다."라는 말이 있다.

갑자기 생긴 돈에 UnWave 상태에서는 흥분하고 돈이 사라질까 전전긍긍하며 지키려고 애를 쓴다. 하지만 Wave의 세계는 다르다. 돈에 해독제를 바르고 어두운 기운을 막을 예방접종을 미리 놓는다.

■ 어두운 돈의 해독제는 나눔이다

| 돈의 해독제 |

한 남자가 돈이 마르지 않는 지갑을 주웠다. 그 지갑은 남자가 돈을 쓴 만큼 새롭게 돈이 생겼다. 남자는 처음에는 자신에게 생긴 일에 어리둥절했지만, 점점 돈의 맛을 알아가면서 직장을 그만두고 사치와 탐욕스러운 행동을 하며 하루하루를 보낸다.

누구나 마음속으로 한 번쯤은 상상해 본 상황이 현실로 일어난 것이다.

시간이 지나면서 사치와 탐욕적인 생활이 무료해질 때쯤 남자에게 한 사람이 찾아와 영상을 보여준다.

영상 속에 내용은 남자가 사치스럽게 쓴 돈이 생기는 과정이 담겨 있었다. 물질세계의 돈의 절대량은 정해져 있다. 남자가 쓴 돈은 어느 아이의 병원비였다. 대학 입학 준비를 하는 여학생의 학비가 그 남자의 지갑으로 이동한 것이다. 아파서 신음하는 아이와 학비가 없어 어쩔 수 없이 아르바이트를 시작하는 학생의 영상이 나온다.

남자는 괴로워하며 자책을 한다.

사자는 질문한다.
'앞으로도 지갑을 계속 사용하시겠습니까?'

당신의 선택은 무엇입니까?

돈에는 많은 사람의 피와 땀, 탐욕이 뒤섞여 있어. 음의 기운이 가득하다. 그만큼 남의 돈을 내 주머니로 옮기는 일은 어렵다.

돈에 담긴 Wave를 아는 부자는 돈을 함부로 사용하지 않는다. 자신이 노력한 이상으로 행운이 들어온 후에는 꼭 운의 창고를 열어 베풀기 시작한다. 불운을 예방하는 것이다.

불행한 일을 미연에 방지하기 위해 나눔을 실천한다. 돈이 흘러들어 온 곳으로 되돌려 주는 것이다. 부자를 통해 좋은 세상을 만드는 방법이기도 하다.

돈에 대해서 철저한 유대인들은 자식에게 2개의 저금통을 선물한다고 한다. 하나는 스스로를 위한 것이고 나머지는 나눔을 위한 돈을 저금하라는 뜻이다. 어렸을 때부터 이렇게 교육받은 아이들은 성인이 되어서도 자연스럽게 나눔을 실천한다.

미국 30대 기업 중 유대인이 차린 회사는 12개이다. 0.25%에 유대인이 미국 최고의 회사 40%를 경영하고 있다.

유대인들이 막대한 부를 이룰 수 있던 비결 3가지가 있다.

'배움', '경제력', '나눔'이다.

> 사람이 죽어서 신 앞에 가져갈 수 없는 것이 있다.
> 그것은 돈, 친구, 친척, 가족이다. 그러나 선행만은 가져갈 수 있다."
> ...
> – 유대인 격언 –

돈을 주인처럼 받들면 돈은 무자비하게 당신을 부려먹을 것이다. 돈에 대한 지혜를 알고 있는 당신에게는 돈만큼 훌륭한 하인도 없다.

돈을 받아 부를 이루기 위해 돈을 베풀어라.

■ 사람을 사랑하고 사람에게 돈을 사용하라

돈은 어디서든 나올 수 있다. Wave를 요동치게 할 수 있도록 과감하게 행동을 취해야 한다. 당신의 과감한 행동이 Wave를 타고 당신을 부의 추월차선에 올려놓을 것이다.

돈을 많이 벌수록 좋은 일만 생기는 것이 아니다. 당신이 챙겨야 할 골칫거리도 많아지고, 긴급한 상황이 생기기도 한다. 지켜야 할 것들이 생겨나고 돈을 잃을 기회가 더 많아진다.

복잡한 일들이 생기면 당신의 운의 그릇에 금이 가기 시작한다. 이때 그릇을 단단하게 만들기 위해 그릇에 담긴 어두운 기운에 돈을 써서 운이 들어오는 길목이 닫치지 않도록 돈을 풀어라. 당신의 곁을 지켜 준 고마운 사람들을 초대해 맛있는 음식을 대접하고 그들과 큰 소리로 웃으며 행복한 시간을 만들어라.

우주는 단순하다. 웃는 소리가 들리면 웃을 일을 끌어당기게 될 것이다. 당신에게 도움을 구하는 사람을 만나 도움을 주고 밥을 사주어라. 당신에게 도움을 구하는 사람은 현재 마이너스의 운을 맞이하고 있을 확률이 크다. 도움을 구했다는 명목으로 무언가를 요구하지 말고 그의 말을 들어주고 밥을 사주어라. 당신의 운이 기울 때 당신에게 밥을 사줄 사람은 바로 그 사람이다.

어두운 곳에서 생활하며 어렵게 살아가는 사람들을 위해서 기부하라. 어두운 기운이 깃든 돈이 밝은 일에 쓰일 수 있도록 기부를 통해서 실천하라.

모르는 사람을 위해 노란 손수건을 준비하듯이 나눔을 실천하라. 이런 일들은 주로 종교기관에서 많이 이루어진다. 같은 성도를 위해 식사 봉사를 하거나 기부를 한다. 아이가 다니는 학교에 기부를 통해 생활이 어려운 친구가 계속 공부할 수 있도록 돕는 것도 한 가지 방법이다.

한때 〈밥 잘 사주는 예쁜 누나〉라는 드라마가 인기 있었다.
드라마 제목을 보고 나는 "오! 바로 난데"라고 외쳤다. 주변 사람들은 나를 밥 잘 사주는 여자, 또는 대표님으로 알고 있다.
더 잘나가는 사람을 만나거나 돈이 더 많은 사람을 만나도 내가 밥값을 계산하는 경우가 많다. 나는 그게 좋다. 앞으로도 계속 밥을 살 수 있는 경제력이 마르지 않기를 바란다.

혹자는 말한다. 어렵다는 암 수술을 3번이나 받으면서 다시 건강할 수 있었던 이유가 평소 퍼주고 나누어서 운을 많이 저축해 두었기 때문이라고 한다.
앞으로도 더 많이 더 다양한 방법으로 밥을 나누고 싶다.

길을 묻는 사람에게 당신의 시간을 할애해 길을 안내해 주고, 지나가는 할머니의 리어카를 밀어주며 짐을 들어주는 일 등 돈 뿐 아니라 당신의 시간과 에너지를 사용해 밝은 Wave를 불러들여라.

Waved 된 당신은 수입에 일부를 다른 사람을 위해 사용하는 것이 더욱 견고하게 부를 이루는 비법임을 알고 있다.

■ 부자가 되려는 당신의 소원은 탐욕과는 구분이 되어야 한다

졸부들은 사람들을 불러 술을 사고 밥을 산다. 그리고 자리에 모인 사람들이 자신을 칭송하고 숭배하기를 원한다. 또 그렇게 하려고 돈을 쓴다. 한마디로 운과 에너지를 탕진하는 데 돈을 쓴다.

혹은 사람들을 모아 두고 자신의 돈을 과시하거나 무용담을 늘어놓으며 자신의 이야기를 하면서 다른 사람의 이야기를 듣지 않는다. 그게 나눔이라고 착각을 한다. 그러다 운이 기울어 어려운 시기에 그동안 술 사주고 밥 얻어먹은 사람이 자신을 배신했다며 분노한다.

당신의 탐욕과 사치는 Wave를 교란시킨다.

당신을 둘러싼 Wave가 불규칙하면서 파열음을 내기 시작하는데 탐욕에 심취한 당신은 그 소리를 듣지 못하고 계속 거친 말과 행동으로 사람들을 쫓아낸다.

나이가 들수록 외로워진다면 당신이 무의식중에 사람들을 모아 두고 자신의 무용담을 늘어놓으며 그들의 에너지를 떨어지게 했는지 생각해 보라.

사람은 본능적으로 에너지와 Wave가 높아지는 곳에 있고 싶어 한다. 그런 사람과 만나며 시간을 같이하고 싶어 한다.

거듭 강조하지만 돈 자체를 목적으로 두지 않아야 한다. Waved 되어 부를 스스로 만들어 낼 수 있는 당신이 되어야 한다. 돈은 장난꾸러기 같아서 쉽게 당신에게 오기도 하지만, 당신을 떠나며 상처를 남기기도 한다.

돈에 집중하라는 말은 탐욕스럽게 돈을 버는 데 혈안이 되어서 작은 성공에 도취해 Wave를 축소시키는 행동을 조심해야 한다는 의미이다.

당신의 Wave를 유지하며 장기적이고 안정적인 부의 물결에 올라타기 위해서 인생 전체적인 관점에서의 운을 높이기 위해 열망하라.

■ 돈으로 원한을 사지 않도록 한다

아무리 강한 운을 타고난 사람도 한순간에 무너트리는 것이 원한이다. '여자가 한을 품으면 오뉴월에도 서리가 내린다.'라는 속담이 있다. 돈에는 어두운 기운이 가득하기 때문에 잘못된 방법으로 돈을 벌거나 다른 사람을 속여서 돈을 버는 것은 원한을 사는 행동이다.

원한은 그 자체에 굉장히 큰 음의 기운을 가지고 있기 때문에 상대는 자신을 비참하게 만든 당신이 지옥에 갈 때까지 수단과 방법을 가리지 않고 당신의 기운을 빼앗아 간다. 오죽했으면 원한을 품고 죽은 사람은 귀신이 되어 원한을 갚기 위해 구천을 떠돈다는 이야기가 있겠는가?

UnWave 상태에서는 다른 사람에게 창피를 주거나 수치심, 모욕감을 주어서 자신의 자존심을 높이려는 행동을 한다. 특히 자신보다 약한 사람을 업신여기며 쾌감을 느끼는 사람도 있다. 이때 피해를 받은 사람은 당신에게 원한을 가지고 당신이 없는 자리에서 당신을 험담하고 음해를 한다.

이런 행동은 곧 당신이 없는 곳에서 당신의 부를 마이너스시키는 말과 행동을 동시에 100명, 1,000명의 사람들이 하는 것과 같다. 이는 Wave를 타고 부정적인 메시지를 전달한다.

자신의 부를 일구어 가는 동안 다른 사람들에게 피땀을 흘리게 하여 억지로 부를 축적하거나. 다른 사람이 소중하게 생각하는 것을 하찮게 여기고 파괴하는 행동은 원한을 사는 위험한 행동이다.

Waved 되면 스스로의 자존감을 회복하고 자연 속에서 Wave를 느끼며 스스로 행운의 기운을 가득 느낀다. 운을 벌기 위해 많은 기부를 하는 것보다 하나의 원한을 사지 않는 것이 더 중요하다는 것을 안다.

불길한 상황이 생겨 의도치 않게 누군가에게 피해를 주었다면 진심 어린 사과를 통해 사태를 마무리하고 스스로 교훈으로 삼아 더 조심한다.

돈은 부만큼 달콤하다. 하지만 달콤함은 한순간에 사라질 수 있다. 스스로 부를 이루고 기꺼이 나누어서 완전한 부자의 반열에 들어설 준비를 하라.

부를 담는 그릇, 몸의 법칙

■ 몸이 움직이면 운이 움직인다

몸은 우주의 메시지를 수신하는 수신기다. 몸은 운의 그릇이
자 마음의 그릇이다. 몸을 통해 반응하고 몸을 통해 좋은 운과
나쁜 운의 소식을 보낸다.

이때 몸에 어두운 기운이 가득 차 있다면 당신은 좋은 운에
서 생기는 기회를 놓치게 된다. 나쁜 운이 전하는 어두운 기운
을 감지하지 못하고 위기에 처하게 된다.

어두운 기운이 몸에 쌓이면 극단적인 신호를 보내기도 한다.
그 결과는 질병과 사고이다.

Y대에서 엘리트로 인정받으며 졸업하고, 졸업과 동시에 대기
업 취업과 협회 간사, 동창회 사무총장 등을 맡으며 바쁘게 지

내던 K 씨. 그는 바쁜 시간을 쪼개서 자신의 성공에 다리를 만들어가기 위해 다양한 네트워크 활동과 비즈니스 모임에도 적극적이었다.

그런데 늘 휴대전화를 여러 대 사용하며 바쁘게 일하던 그가 이동 중 넘어져 다리를 다치는 일이 생겼다.

K는 업무를 미루는 대신 친한 동생을 운전기사로 고용하며 다친 다리가 치유되기 전에 바쁜 일정을 소화하며 활동을 강행했다. 사람들은 그의 건강과 안전을 염려했지만, 그의 강한 의지에 말릴 수가 없었다. 그의 도움이 필요하기도 했다.

그러던 중 새벽에 교통사고의 비보를 들었고, K는 30 초반의 아까운 나이에 세상을 떠났다.

그는 다리를 다치게 해서 바쁜 그를 쉬게 하려는 Wave의 메시지를 듣지 못하고 일을 만들어 화를 당한 것이다.

■ 세 번의 암이 준 교훈

Wave의 시작은 그날부터이다.

"내가 암이라고요?"

믿어지지 않았다. 무엇을 그렇게 잘못을 해서 이렇게 큰 병이 생긴 걸까? 돌아보면 남에게 피해 주지 않으며 살겠다는 신념으로 살아왔는데, 나쁘게 사는 사람도 많은데, 내가 암에 걸렸다.

시간이 지나자 원망스러움이 몰려왔다. 그저 공부하고 일하는 것이 전부였기 때문에 암에 대해 잘 알지 못했다. 어서 수술하고 치료받아서 다시 예전처럼 살면 될 거라 생각했다.

암은 아무렇게나 먹고 말하고 술, 담배를 하는 사람에게 하늘이 벌을 주듯이 오는 병이라고 생각했다. 만약에라도 나에게 암이 생긴다는 생각을 해본 적이 없기 때문에 누구나 1~2개는 들어 놓는 흔한 암보험 하나 없었다.

제정신이 아니었지만, 예정된 일정이 있어서 수술과 치료준비를 서둘렀다. 의사 선생님을 만나고 바로 수술 날짜를 확정했다. 수술 날을 기다리며 2주간 지옥 같은 시간을 보냈다. 온통 부정적인 생각이 잠시도 머리속을 떠나지 않았다.

내가 과연 다시 살 수 있을까?
옛날처럼 살아갈 수 있을까?
다시 일을 할 수 있을까?
수술이 나에게 남긴 것은 무엇일까?

부정적인 생각이 꼬리에 꼬리를 문 채 고개를 쳐들었고 의사조차 믿을 수 없었다. 마치 지금이라도 문을 열고 들어와 오진이라고 말해 줄 것 같았다.

수술 날이 다가왔다. 큰 수술은 처음이었기 때문에 수술대에 올라 천장만을 쳐다보는 심정은 암담함 그 자체였다. 마치 도살장에 끌려와 죽을 시간을 기다리는 짐승의 모습이 떠올랐다. 남편이 손을 꼭 잡고 수술실까지 함께했다. 수술실 앞에서 걸음을 멈추었고 나는 온전하게 혼자가 되었다.

마취를 시작했다. 마취를 진행하며 나의 상태를 확인하기 위해 '괜찮으세요? 괜찮으세요?'라고 연달아 물었다. 내가 지금 무슨 죄를 지어서 이렇게 수술실에 누워있는지 모르겠다고 말하며 눈물을 흘렸다.

그렇게 정신이 아득해지면서 얼마나 시간이 흘렀을까?

자고 눈을 떠 둘러보니 간호사가 계속 말을 시키며 어렵더라도 눈을 떠야 한다고 했다. 하지만 너무 힘들어서 눈꺼풀을 들어 올릴 힘도 없었다.

'이름이 뭐예요?'라고 묻는다. 입술이 떨어지지 않았다.

"그래도 깨어나셔야 합니다. 수술은 잘 되셨습니다."

"감사합니다. 감사합니다. 정말 감사합니다. 살려주셔서 감사합니다."를 연발하며 눈물을 흘렸다.

회복실에서 병실로 돌아왔다. 남편과 가족들이 모두 기다리고 있었다. 가족들을 보니 현실 세계로 돌아온 것 같았다. 젊은 나이인 데다 첫 번째 수술이었기 때문에 마취가 깨면서 일어나 앉고 움직일 수 있었다. 통증도 거의 없었다.

그 순간 나는 Wave를 거스르는 말을 했다.
"뭐야 이 정도로 간단한데 왜 그렇게 떨었던 거야?"라는 말을 해버린 것이다.

3일 후 퇴원을 했다. 여전히 피주머니를 달고 다녀야 했지만 움직일 수 있었다. 집에는 간호해 줄 사람이 없어서 당분간 요양병원에 입원해 간호를 받기로 했다.
요양병원으로 옮겨서 1주일 후 예정된 강의 준비를 했다. 이제 움직일 수 있는데 무리만 하지 않는다면 강의를 하는 것은 아무 문제가 없어 보였다. 강의에 있어서 난 베테랑이니까. 내 강의를 기다리는 사람을 실망시키고 싶지 않았다. 내 몸에는 아직 피주머니가 달려 있었지만 상공회의소 강의를 마쳤다.

강의 후 관계자들과 환담을 나누면서 며칠 전 암 수술을 마치고 회복 중이라는 나의 말에 모두 놀랐다. 직접 말하지 않았으면 전혀 눈치채지 못했을 것이라고 말했다.
아픈 중에도 약속을 지키기 위해 프로다운 면모를 보여준 나 자신이 조금 뿌듯했다. 회복을 위해 나머지 강의는 모두 취소했다.

그때까지도 나는 내가 너무 어리석었다는 것을 모르고 있었다. 빠른 회복 속도에 처음 암이라는 진단을 받고 절망하던 모습은 없고 치료 제대로 받고 다시 옛날처럼 왕성하게 활동할 생각만 했다.

수술 한 달 뒤 항암치료가 시작되었다. 항암치료가 수술보다 힘들다는 이야기를 너무 많이 들은 터라 항암치료는 받고 싶지 않았다. 하지만 방법이 없다는 의사의 말에 항암치료를 시작했다.

치료를 받은 날은 너무 힘이 들어서 시체처럼 누워서 먹지도 못하고 잠도 제대로 잘 수 없었다. 너무 힘든 나날이었다. 배가 아파 잠을 잘 수가 없어 밤새 헤매고 돌아다녔다. 요양병원에서 나에게 해줄 수 있는 조치는 너무 단순했다. 혈관이 연약해 링거를 놓기도 어려웠고, 위가 좋지 않아 무조건 진통제를 투약하기도 어려운 상황이었다.

고통을 온전히 견뎌내야 하는 나날이 계속될수록 나는 몸뿐아니라 마음까지 어두워지기 시작했다. 하루종일 토하고 아파서 온 방을 굴러다니고 시간이 지속되면서 머리카락이 빠지기 시작했다. 유방암 약은 독하기로 많이 알려져 있다. 병원에서도 위험물로 분류해 관리한다고 한다. 그런 독한 약을 먹고 머리카락이 빠지기 시작하면서 두피와 머리가 아프기 시작했다.

영화에서 보던 암 환자가 하듯이 보자기를 쓰고 생활을 했다. 2차 항암치료 날이 다가오면서 또 한 번 지옥을 경험했다. 고통 속에 흘린 땀과 치료로 인해 몸의 기운이 모두 빠져나가고, 빠진 머리카락이 옷에 붙으면 떼어 낼 힘도 없었다.

또다시 세 번째 항암치료를 받으러 가야 한다는 현실을 받아들이기 어려웠고 상상만으로도 너무 고통스러웠다. 죽기보다 싫으니 차라리 죽겠다고 말하고 유서를 썼다. 너무 완강한 나의 태도에 남편도 너무 속이 상했는지 맘대로 하라고 하고 병원을 데리고 가지 않고 회사로 가 버렸다.
마침 외국에 있던 딸이 들어와서 나를 데리고 같이 병원에 가서 항암치료를 다녔다. 항암치료가 끝나면 다시 토하고, 머리와 배를 비롯해 온몸이 아프고 힘들었지만, 살기 위해 참고 치료를 받았다.

4차까지 마치고 병원에서 더 이상 항암치료를 하지 말자고 했다. 듣던 중 반가운 소리였다. 마치 기도에 응답을 받은 것처럼 기쁘고 행복했다.
방사선 치료를 마치고 고통스러운 과정을 거친 후 치료가 끝났다는 감격과 해방감에 딸과 함께 뉴욕으로 여행을 갔다.

딸이랑 둘이 뉴욕에서 이것저것 보고 맛있는 거 먹고 즐기고 자 하는 마음에 집을 나섰지만, 시차 적응을 못 하고 항암치료 후유증까지 몰려 관광은 엄두도 내지 못했다. 먼 이국땅에서의 아픔은 불안함과 두려움으로 몇 배가 되었다. 그렇게 열흘이 지나고 한국으로 돌아왔다.

난 마치 다시 살아난 듯 아무렇지 않은 듯 일에 복귀하고 여행을 다니며 새로 태어났다는 마음에 그저 즐거웠다. 이제부터 다시 내가 하던 일을 시작하자 하는 마음에 과거의 생활로 돌아갔다. 하지만 그것이 나에게 그렇게 큰 문제가 되어서 돌아올 줄은 그때는 알지 못했다.

Wave는 몸을 통해서 나에게 경고의 메시지를 전달했는데 Wave를 알지 못하고 마치 나에게 온 병마는 잠시에 시험에 불과하니 나의 힘으로 이기고 새로운 시간을 통해 과거보다 더 멋진 인생을 살 수 있을 듯이 기대에 차 있었다. 50대 전에 수술을 해서 역시 젊은 나이에 치료를 하니 회복이 빠르다며 스스로 자만심에 빠졌다.

| 재발한 암 |

6개월 뒤 검진을 하였다. 선생님은 '뭐가 보이네'라고 말하며 다시 검사하자고 한다. 6개월이 다시 지나고 검사를 하였다.

'암 재발로 수술해야 합니다.'라는 말이 돌아왔다.

나는 소리를 질러 대며 "재발이라뇨. 아니죠?"를 연발했다.

믿을 수가 없었다.

암이 감기도 아닌데 이렇게 쉽게 재발이 되다니 믿을 수가 없었다.

난 첫 번째 수술한 뒤 다시 일어나서 국회에 아카데미를 설립하였다. 체력적으로 많이 힘들었었다. 하지만 내가 할 일을 하는 거기 때문에 나는 즐겁게 생각을 하고 하였다.

그런데 몸은 그렇지 않았다. 여행도 많이 다니고 일도 하면서 사람들과 부대끼며 또 다시 일상속으로 들어갔었다. 그런데 재발이라니 있을 수 없는 일이었다. 하지만 의사는 당장 수술을 해야만 한다고 힌다. 1년 반만이었다. 난 다시 수술대에 올랐다.

집으로 돌아와서 지방에 있는 언니가 올라와 몸조리를 해준다고 했다. 하지만 몸이 돌아오지를 않았다. 한 달 동안 변비에 시달렸고, 다시 한 달 뒤에는 몸에 면역력이 전혀 없는 듯해 보였다. 대상포진까지 앓으면서 한쪽 다리가 걸을 수 없을 정도로 아팠다. 왜 이렇게 아픈지 이유도 모르고 아팠다.

3개월 뒤. 또 다시 검사를 받았다.

선생님 말은 또 재발이라고 한다.

"무슨 장난하세요?"라는 말과 함께 실소가 나왔다.

난 그런 체력에도 일을 하고 있었다. 사람들과의 약속을 저버
릴 수가 없었다. 몸은 망가지고 있는데 난 오만했었다. 마치 내
가 아니면 사람들이 배울 곳이 없을 거라는 생각에 오만함에 차
있었던 거 같았다.

세 번째 수술은 상상조차 어려웠다. 수술을 피하려고 여기저
기 물어봤지만 돌아오는 대답은 항상 같았다.

3번째 수술을 하고 병실로 돌아왔다. 정신은 깼었지만 몸은
깨어나지 못하고 있었다. 가느다란 팔에 온갖 링거를 달고 3~4
일을 누워만 있었다. 일주일이 다 되어서야 겨우 일어날 수 있었
다.

몸속에 있는 모든 면역과 영양의 세포들은 어디론가 다 사라
지고 내게 남은 건 아무것도 없었다.

"그저 껍데기인 몸뿐이었다."

퇴원을 하고 돌아왔지만 내 옆에서 나를 기다리는 사람은 남
편뿐이었다. 어디에라도 기대고 싶었다.

나만 잘하고 살면 이 세상 살아가는 데 아무 문제 없다고 생각을 했다. 하지만 그건 나만의 오만과 자만심이었다. 지금 당장 의지할 곳이 있어야 모진 인생을 계속 살아갈 수 있을 것 같았다.

"3차에 걸친 암의 재발과 수술로 몸속에 있는 모든 에너지가 공중으로 사라지고 난 후에 오히려 더 맑은 정신으로 세상에 돌아가는 이치를 깨닫게 되었다."

'우주에는 개인의 의지와 노력, 재능을 넘어서는 운의 경지가 존재하는구나. 그런 Wave를 깨닫지 못하고 마치 혼자만의 노력이면 다 될 것처럼 오만함과 자만함에 빠져있는 UnWave 세계의 개인에게는 몸을 통해 경고의 신호를 주는구나. 앞으로는 혼자가 아니라 세상의 이치, 즉 Wave의 흐름에 기대어 조금 더 넓은 우주를 살아야겠구나.'

■ 아프면 비로소 보이는 것들

Wave가 있다는 것을 나는 미련하게 3번의 암을 거치며 믿게 되었다. 옛날에 살아온 체력이면 무엇이든 이겨낼 수 있을 거라는 무모한 생각과 사업과 돈을 일으키려고 혼자 아등바등해봐야 '단 한 번에 역전당할 수 있구나.' 하는 것을 너무 비싼 수업료를 치른 후에야 알게 되었다.

건강을 잃고 보니 재산도 조금씩 없어지기 시작했다. 암에 대한 준비가 전혀 없어서 막대한 병원비 부담도 온전히 나의 몫이었다. 병원 통원을 시켜주고 병간호를 해주던 남편이 자연스럽게 사업에 전념하기 어려워지면서 회사 내부에 문제가 생기기 시작했다.

재산이 없어지기 시작하니 누가 적이고 누가 동지인지 알게 되었다. 그동안 돈으로 연결되어 만나던 친구들이 하나둘씩 떠나기 시작했다. 오히려 잘 되었다고 생각했다. 진작 정리되었을 인연이 떠나는 것 같아 속이 시원했다.

부족한 믿음으로 사람들이 떠나면서 나를 돌아볼 시간이 많아졌다. 건강하던 시절 만날 수 있는 사람은 모두 만나야 한다는 잘못된 신념을 가지고 바쁜 중에도 시간을 내서 만나서 밥먹고 술 마시며 운동하면서 관계를 만들었다. 하지만 이제는 꼭 필요한 사람이나 소중한 인연들과 시간을 보내니 나를 위한 시간이 생겨나기 시작했다.

사회적 약속이 줄어드니 아무렇게나 먹던 음식을 몸이 좋아하는 음식으로 챙겨 먹을 수 있게 되었다.
사회적 약속을 우선할 때는 원하지 않은 음식을 먹어야 했다.

바쁘다 보면 끼니를 거르다가 한꺼번에 해결할 때도 많았다. 급하다는 이유로 빨리 먹고 다음 일정을 소화해야 했다.

과하게 술을 마시고 담배를 피우는 사람과 한 자리에서 이야기해야 할 때도 있었다.

■ 모든 것을 멈추고 몸의 Wave에 집중하다

자연스럽게 생긴 시간을 나를 위해 사용하기 시작했다. 건강을 회복하는 것이 무엇보다 중요했다.

건강을 회복하는 방법은 오히려 간단하고 가까운 곳에 있었다. 암이 생기기 전에 했던 모든 행동을 반대로 하면 대부분 맞아떨어졌다.

일이 먼저이던 우선순위가 바뀌고 몸이 우선이 되었다. 이제 내 몸의 건강이 최고였다.

"돈을 잃은 건 조금 잃은 것이요, 명예를 잃은 것은 많이 잃은 것이요, 건강을 잃은 것은 모두를 잃은 것이다."라는 격언이 절실하게 와닿았다.

고장 난 몸으로 한 방향으로만 달리다 보니 Wave가 바뀌는 것을 알 턱이 없었다. 방향을 바꾸거나 멈춰야 할 타이밍을 놓쳐서 몸이 망가질 수밖에 없었다.

나에게 소중한 것과 소중하지 않은 것을 분별해 우선순위를 새롭게 정리하고 나니 세상이 다르게 보이기 시작했다. Wave를 만나는 순간이었다.

> "모든 것을 볼 때 평생 처음 보는 것처럼 보거나,
> 생에 마지막 보는 것처럼 보라.
> 당신의 시간은 온통 영광으로 가득할 것이다."

The Wave의 시작은 그곳에 있었다. 나는 3번의 암을 겪은 후에야 자신을 위해 새로운 선택을 하고 노력과 재능에서 더 나아가 '행운'에는 곱하기의 힘이 있다는 것을 알고 새롭게 시간표를 짜기 시작했다.

당신이 완전한 부를 이룰 수 있다는 믿음을 가지고 새로운 시각으로 세상을 보게 될 수 있다면 Wave를 시작한 의미는 충분하다.

■ 부자의 건강 습관

당신이 현재 어두운 시기를 겪고 있더라도 공식적인 자리에 가서 정신적으로 건강한 것처럼 행동할 수 있다. '모든 것은 때가 있는 법'이라고 말하며 여유 있는 행동을 할 수도 있다.

하지만 당신의 Wave를 제대로 알지 못한다면 그 피해가 가장 두드러지게 나타나는 곳이 몸이다. 당신이 걷는 모습만 보고도 사람들은 당신이 평소에 어떻게 일하고 먹고 마시고 생활하는지 단번에 알아차릴 것이다.

Waved 된 당신은 언제든 주어질 행운의 기회를 잡기 위해 몸을 맑은 상태로 유지한다. 몸에 에너지가 충만한 당신은 궁금한 것도 많고, 나눌 것도 많다. 실제로 대운이 시작되는 사람은 움직임이 많아지며, 스스로 자주 움직이고, 어떤 활동이든 귀찮아하지 않고 기꺼이 움직인다.

당신은 달콤한 아침잠의 유혹에 빠지기보다는 벌떡 일어나 새벽에 고요한 Wave를 통해 몸과 마음을 정화하는 시간을 더 좋아한다.

타고난 체력을 과신하고 지나치게 술을 마시며 몸을 혹사하지 않는다.

어쩔 수 없는 상황이 닥쳤을 때 폭풍처럼 일을 처리하지만, 이후에는 몸과 마음에 집중하며 다시 주파수를 다듬는다.

디지털 세상은 너무 많은 정보와 당신의 Wave의 주파수가 넘쳐난다. 당신은 자신의 주파수가 빠르게 회복되는 장소와 행동을 잘 파악하고 있다.

30살에 라임병(진드기가 옮기는 세균성 감염증) 진단을 받고
3년 동안 병상에서 보낸 남자가 있었다. 3년간 병상에만 있으니
모든 일에 의욕을 잃고 자신감을 상실한 채 곧 비참한 죽음을 맞을
거라는 생각에 사로잡혀 살고 있었다. 그런 그에게 친구가 서핑을
권했다. 제대로 걷지도 못하는 자신에게 서핑은
사치처럼 느껴져서 한사코 거절했다.

하지만 친구는 그런 그를 포기하지 않고 계속 찾아왔다.

계속된 친구의 간곡함에 그는 서핑을 한번 나가기로 했다.

연약해질 대로 연약한 몸으로 파도의 흐름을 견디기에는 역부족이
었지만 그럴수록 그는 팔과 다리의 힘과 균형에 모든 신경을 집중했
다. 여러 번 파도에 휩쓸려 나가떨어졌지만, 몇 번의 시도 끝에 파도
를 타고 1~2초 버틴 것 같았다. 파도에 맞추어 몸과 마음을
집중하다 보니 아픈 것을 생각할 겨를이 없었다.

아픈 것을 느끼지 못했다.

파도의 크기와 소리 방향에 집중할 수 있었다. 파도를 탈 수 있는
시간이 점점 늘어났다. 그는 이제 서핑을 즐기는 사람이 되었다.

수학과 물리학에 재능을 가진 그는 연구직으로 새로운 삶을
시작하게 되었다. 진단결과에 자신의 병에 집중했던
몸과 마음의 생각을 온전히 자신을 위해서 사용하며 몰입이라는
경험을 통해서 자신의 한계를 넘어선 것이다.

...

- 《멘탈이 무기다》(스티븐 코틀러/이경식 역) 중에서 -

자연 속에서 파도의 Wave를 타면서 그는 오직 파도와 자신이 해야 할 일에 집중했다. 그리고 하지 않아도 되는 거짓된 주파수를 제거할 수 있게 되면서 몰입의 Wave를 경험하게 되었다. 그 결과 병원에서 죽을 날만 기다리던 나약한 존재에서 더 큰 파도를 즐길 줄 아는 서퍼가 되었다.

지금 당신의 몸과 마음을 괴롭히는 생각들을 버리고 오직 Wave와 당신에게 집중할 수 있는 장소와 활동을 찾아라.

행운은 새로운 사람과, 기회와 함께 찾아온다.
당신이 근면하고 배려심 깊은 삶을 사는데 건강한 몸만큼 중요한 것은 없다.

> "품격은 한 번의 행동이 아니라 습관에서 나타난다."
> - 아리스토텔레스 -

■ 밖으로 나가 걸어라

온몸에 기력을 소진해 버린 내가 택할 수 있는 운동은 많지 않았다. 그래서 걷기를 시작했다. 집 주변을 걸었다. 처음에는 조금만 걸어도 식은땀이 나고 쉽게 피로해졌다. 그래도 매일 나가서 걸었다. 1달이 지나고 50일이 넘어가면서 점점 먼 거리를 걸을 수 있게 되었다.

걷다보면 많은 감사한 일들이 생긴다. 거리나 속도에 대한 욕심을 버리고 오직 매일 걷는 것이 유일한 목표였다. 가장 먼저, 계절이 바뀌는 것을 알 수 있었다. 아프기 전에도 수없이 지나던 출퇴근길의 낙엽이 그렇게 아름다운지 처음 알게 되었다.

우리나라가 걷기에 참 좋은 나라라는 부가적인 애국심도 생겨난다. 구석구석 공원과 휴게시설이 잘되어 있었다.

걷기에 익숙해지면서 걷기에 좋은 외곽을 찾아다니게 되었다. 그때 무언가 의지할 곳이 필요했던 나는 자연히 좋은 사찰을 찾아다녔는데 자연스럽게 사찰 주변의 산책로와 등산로를 걸을 수 있는 기회들이 많아졌다.

■ 걷기로 플러스 Wave를 높여라

Wave의 조화로운 상태를 위해서 걷기를 추천하는 이유는 걷기가 언제나 누구나 방법에 제약 없이 실천할 수 있는 운동이기 때문이다. 우주의 파동은 긍정적인 활동 메시지에 가장 먼저 응답한다.

우리의 몸은 생명 에너지와 육체로 구성되어 있다. 몸이나 물체에서 나오는 에너지 파동을 오라(aura)라고 한다. 우주로부터 충전받아 강해진 오라는 생명 에너지를 강건하게 유지해 준다. 우리가 살아 있다는 것은 건강한 생명 에너지와 건강한 육체가 강하게 유착되어 있을 때를 말한다.

육체에너지 + 생명에너지 = 건강한 상태

따라서, 가장 빠르고 쉽게 실천할 수 있는 발산적 Wave를 선택하는 것이 관건이다. 몸이 가는 곳에 마음도 따라온다. 마음이 움직여 일을 하면 현실에 성과가 나타나 즐거움이 따르기 때문이다. 몸과 마음이 조화롭지 못하면 병이 생기고, 마음이 움직이지 않고 몸만 움직여 일을 하면 귀찮고 짜증이 난다. 이렇게 우주가 원하는 삶을 살지 않고 자신의 입장에서만 살게 되면 세상이 슬퍼져 결국 소멸하고 만다.

걷기의 효능은 의학적으로도 밝혀진 사실이 많다.

첫째, 우울증 완화 및 뇌 기능 활성화, 특히 야외에서 햇볕을 받으면 걸으면 행복감을 느끼는 '세로토닌'과 통증 완화에 효과적인 '엔도르핀'이 분비돼 마음이 안정되고 우울감이 줄어든다. 혈액순환이 개선되어 뇌에 산소공급이 활발해져 뇌 기능이 활성화되는 효과도 있다.

둘째, 숙면을 돕고 불면증 완화를 돕는다. 저녁 식사 후 가볍게 걸으면 '멜라토닌' 분비가 촉진되어 숙면에 도움이 된다. 숙면은 Wave 에너지를 회복하고 새로운 에너지를 전파하는 중요한 시간이기에 특히 수면에 중요성을 강조해도 지나치지 않다.

셋째, 체중 조절과 당뇨병 예방 등 성인병 예방과 완화에 효과적이다. 걷기를 하면 몸은 에너지를 저장하지 않고 에너지원으로 사용한다. 적정 체중과 인슐린 및 포도당 조절 기능을 유지하게 되면서 제2형 당뇨병을 예방한다. 덴마크 코펜하겐 대학 연구팀이 과체중 성인 약 1,300명을 대상으로 연구한 결과, 대상자들이 중강도 걷기 운동을 30분 한 이후, 식욕을 억제하고 인슐린 생성을 자극해 혈당 수치를 낮춰주는 호르몬(GLP-1)분비가 늘었다고 발표했다.

이 밖에도 걷기는 관절 건강을 유지하고, 근육량을 유지해 골다공증 예방 등 다양한 효과가 있어 의사와 건강상담사 등 많은 사람이 걷기운동을 처방하고 있다.(자료출처: 헬스조선. 2020.11)

| 걷는 순간 내 인생이 확 바뀌었다 |

'삼보승차'

이는 경희 씨의 별명이다. 평소에 규칙적인 운동은 고사하고 걸어서 가는 장소가 있으면 금세 차를 타고 이동하는 습관에 빗

대어 가족들이 부르는 별명이다.

그런 그녀가 갱년기 장애와 가족을 잃는 슬픔 등 음(陰)의
Wave를 극복하기 위해서 선택한 것은 걷기였다. 처음에는 강아
지 산책을 위해 동네 공원을 돌기 시작했다. 그렇게 두 달이 흐
른 후에는 목적이 있는 걷기를 시작했다. 동네 시장을 가거나 가
까이 있는 친구를 방문할 때는 걸어서 중간지점에서 만나 이야
기를 하고 집에까지 다시 걸어오는 방법을 선택했다.

걸으면서 에너지 넘치는 사람들을 만나고 도심 구석구석의 숲
과 공원을 지나면서 외부의 Wave와 상호작용이 일어났다. 경
희 씨의 신체 Wave도 점점 활기를 띄기 시작했다. 근육이 단련
이 되면서 처음에는 2㎞로도 걷기 어려웠지만, 거리는 점점 늘
어나고 시간은 점점 단축되었다. 그녀가 걷기를 5개월째 지속하
던 중 대기업을 퇴사한 동생과 함께 제주 올레길을 걸을 계획을
세웠다. 생전 처음 관광이나 먹방이 아닌 걷기를 통해 제주도를
체험하기로 결정한 것이다. 제주도를 걸을 생각만으로 그녀는
긍정적인 Wave를 경험하고 있었다.

| 걸으면 달라지는 것들 |
제주도는 10여 차례 방문한 적이 있었지만, 자동차 렌트 없이
오롯이 걷기를 위해 여행을 시작한 것이 처음이었다. 걸으며 바

다의 출렁이는 파동과 바람결을 오롯이 몸으로 느끼면서 자연의 Wave를 통해 몸의 Wave가 변하는 것이 느껴졌다. 낯선 곳에서는 더욱 위축되던 말과 행동은 더욱 능동적으로 바뀌었고, 무엇보다도 예전에 차로 다니던 여행에서 싸들고 다녔던 여행필수품들이 이제는 짐이 될 뿐이라는 것을 여행 첫날 알아버렸다. 그녀가 걷기 첫날 한 일은 가방에서 꼭 필요한 운동복 두 벌과 속옷만을 남기고 모든 짐을 집으로 보낸 일이었다.

짐을 부치고 나니 그렇게 홀가분한 기분을 느꼈다고 말했다. 그전에는 없으면 절대 안 될 것 같았던 것들이 사소해 보이고, 오로지 자신의 두 다리에 의지해 제주도 구석구석을 걷고 온 그녀는 피로함보다 해방감과 자유로운 에너지를 받고 왔노라고 말했다.

오래된 집과 담에서 느끼는 파장과 쉴 새없이 해안가로 밀려드는 파도의 에너지와 서로 에너지를 교환하면서 그녀는 이전과 전혀 새로운 자신이 되었다고 신이 나서 이야기를 이어갔다.

바꿀 수 있는 것은 행동뿐이다.

걷기는 에너지를 증폭시켜 몸의 파동을 밝은 상태로 유지하게 한다. 우리의 마음이나 정신 또는 생각도 전파의 형태의 파동을 가지고 있다. 더 건강해지고 싶고 지금의 어둡고 불안한 마음 벗어나고 싶다는 마음은 걷기라는 육체 에너지를 만나 자연과 같은 생명 에너지를 만나 건강한 Wave를 만들어 낸다.

현실이 되지 못한 생각은 자신을 괴롭혀 더 무기력하게 만드는 악순환을 반복하게 만든다. 우리의 생각은 생각을 실천하는 행동을 만들어 새로운 Wave를 생성한다. 새로운 Wave를 경험한 사람은 긍정적인 에너지를 계속 받고 싶어 하는 선순환을 반복하게 된다.

움직일 수 있는 인간의 정신 에너지는 원하는 것을 외부에서 구하는 것이 아니라 우주에서 보낸 Wave와 반응하여 스스로 움직이도록 하며, 그리하여 원하는 것을 현실에서 얻도록 창조하는 세상을 경험하게 된다.

■ 한 그릇에 담긴 오래된 지혜

몸의 균형을 유지하기 위해 운동 못지 않게 중요한 것이 먹는 것이다. 채워지면 비워야 하는 것은 확실하다.

중국 청나라 시절의 궁중 문화 중에 청나라 정권을 잡은 만주족의 요리와 한족의 요리를 함께 갖춰 호화롭게 즐긴 연회를 만한전석(滿漢全席)이라 한다.

일주일 정도 계속되는 어마어마한 연회가 마치 권력의 상징이기라도 한 것처럼 우쭐해서 그 자리에 참석하고 있었을 사람들을 생각해 보면 다소 바보스럽기도 하다. 다 먹지도 못할 음식을 배고픈 사람에게 나누어주었다면 훌륭한 왕이라고 오랫동안 칭송 받았을 것이다. 충분히 그럴 수 있음에도 역사적으로 죽어서도 원망을 받고 있는 왕은 어리석다.

천 억대 부자도 하루 3끼를 챙긴다. 좋은 재료를 사용해 영양
가의 균형을 이루었지만 넘치는 양을 준비하지 않는다.
당신이 먹은 음식은 당신의 몸에서 에너지를 만들어 내고 나
머지는 밖으로 흘러 나와야 건강에 무리가 없이 순환할 수 있
다. 음식을 통해 얻을 수 있는 에너지로는 하루 1끼로도 충분하
다고 말하는 학자가 있다.
Wave는 단순하다. 그래서 복잡한 상황을 이해하지 못한다.
영양소를 갖추되 소박한 밥상을 즐기고, 소식을 통해 몸을 가볍
게 만들어 정신을 맑은 상태로 유지하라.

암 수술이 끝나고 체력회복을 위해 라인댄스를 시작했다. 몸
에 기가 막혀 있어서 순환이 안 되어 운동을 한 후에는 음식을
먹는 것이 힘들었다. 먹으면 바로 체하고 내려가지 않아 물과 침
을 이용해 억지로 내려 보내야만 했다.
암 수술 후 할 수 있는 운동은 댄스였다. 림프 절개로 팔을
쓸 수 없었던 내게는 좋은 음악과 함께 다리운동이라도 할 수
있는 라인댄스가 최고의 운동이었다.

몸의 Wave는 움직이는 것만큼이나 먹는 것과도 연결이 되어
있다. 그 당시에는 빨리 회복하기 위해 운동도 하고 잘 먹으려

는 욕심에 마음이 급했다. 지나고 생각해 보니 몸이 나를 가르친 것을 알 수 있었다.

음식을 먹고 소화시키는 것에 문제가 없었다면 아마 나는 과거에 먹던 식생활과 음식의 종류를 여과 없이 소화시키며 과거로 돌아갔을지도 모른다. 몸의 Wave가 원활하지 못해 소화기능의 순환을 어렵게 하면서 식생활 습관도 바뀌었다.

몸은 행운의 Wave를 수신하는 수신기이다. 당신의 몸을 맑은 상태로 유지하기 위해서 생활습관과 식생활을 바꿔 단순하게 만들어 몸 안의 흐름을 원활하게 만들어 Wave의 메시지를 수신할 준비를 갖추어라.

말하는 대로 이루는 마음의 법칙

매사는 마음먹기 달려있다는 말이 있다. 마음은 Wave처럼 눈에 잘 보이지 않지만, 우리는 매일 아침 오늘도 잘해 보자고 굳게 마음먹는 일부터 시작한다.

"호랑이에게 물려가도 정신만 차리면 산다."라는 속담이 있지만, 요즘같이 불안한 시대에 살아남기 위해 극복해야 할 멘탈, 마음 강화법과 관련한 표현들이 유독 많다.

마음은 무의식의 표현이며, Wave에 보내는 메시지이다.

"마음은 Wave에 보내는 무언의 메시지이다."

암에 걸려 수술실에 실려들어갈 때 나도 모르게 기도를 했다. 그때는 종교가 없었는데도 말이다. 수술실 관계자들은 수술 후

회복속도가 빠른 사람은 삶에 대한 의지가 강한 사람이라고 말한다.

수술 후 고통스러운 항암치료와 재활과정을 대하는 태도는 저마다 다르다.

자신에게 갑자기 찾아 온 암을 부정하며 치료를 불성실하게 받는 사람도 있다. 이런 부류는 쉽게 과거의 생활로 돌아가 몸을 괴롭힌다.

반면 단호하게 마음 먹은 사람은 과거에 음주로 몸을 혹사시켰더라도 치유를 위해 모든 치료과정과 재활상황을 받아들이기로 마음 먹는다.

암 치료도 마음 먹기 달려있다. 몸은 마음의 소리에 반응한다. 마음이 시키지 않은 일은 할 수가 없다. 마음에서 울리는 간절한 Wave는 우주 Wave에 메시지를 보낸다. 당신은 옳은 상태의 마음을 한 방향으로 움직이면서 당신이 원하고자 하는 메시지를 일관되게 우주에 전달하기만 하면 된다.

■ 마음에 크기에는 한계가 없다.

부자 부모를 두지 못한 사람들의 경제적 경계를 금수저와 흙수저에 비유해 나누어 이야기 할 때가 있다. 경제적 가치는 숫자로 표현할 수 있다. 하지만 마음으로 느끼는 행복감과 기대, 자신감 등 마음의 크기는 한계가 없다.

자연미인과 성형미인으로 나누어 생김새에 따라 사람을 분류하기도 한다. 혹은 어떤 아파트에 사는지 무슨 차를 타고 다니는지, 차는 큰지 작은지 등 사람들은 눈에 보이는 것을 이유로 서로를 나누고 불편하게 만들어 Wave의 단순하고 순수한 흐름을 막는다.

하지만 마음에는 한계가 없다. 당신이 현재 작은 고시원 방구석에 있다 해도 서울대를 바라보며 미래 자신의 모습을 상상하는 데는 아무런 장애가 없다.

당신이 특실 병실에 입원한 것과 일반병실에 입원한 것으로 당신의 치료결과가 달라지지 않는다. 치료결과는 당신의 몸의 상태와 마음가짐에 따라 달라질 뿐이다.

행복은 어떨까?
'행복은 성적순이 아니다.'
당신이 행복하기로 마음 먹은 크기에 따라 달라진다. 마음의 크기에는 한계가 없다.

그럼에도 불구하고 UnWave의 상태에 있을 때는 마음은 언제든지 먹을 수 있으며 공짜인 데다가 그 한계가 없고 심지어 공짜라는 이유로도 의심을 받는다. 마치 공기처럼 당연하게 여겨지기 때문이다.

당신의 꿈이 부자라면 Wave에 메시지를 전달하기 위해 이미 부자가 되는 것처럼 마음을 먹고 메시지를 보내라.

좋은 성적을 원하는 학생이라면 우등생이 된 기분을 내면서 우등생이 된 것처럼 메시지를 보내라.

아무리 놀라운 재능을 타고난 사람도 평범한 능력을 가진 사람에 비해 3배 이상의 성과를 낼 수는 없다. 하지만 마음의 성과는 그 격차가 크다. 세계적인 회사일수록 직원들의 마음을 관리하고 명상프로그램을 실시하며 재미있는 휴게 공간을 제공하는 이유는 그들의 마음을 즐겁게 하면 회사의 성과가 비약적으로 올라간다는 사실을 알고 있기 때문이다.

당신이 지금 어두운 터널을 지나고 있든지, 인생에서 가장 전성기를 누리고 있든지 상관없이 새로운 마음가짐을 통해서 새로운 Wave를 가득 채우기로 결심하라.

당신의 근원과 마음을 크기로 정하는 것은 전적으로 당신에게 달려 있다.

한 가지 분명한 것은 당신이 당신의 마음의 크기를 정하고 매일 강력하고 일관된 소원을 말해 보라는 것이다. 마음의 에너지에는 한계가 없기 때문에 고단한 삶을 살고 있는 당신이 선택할 수 있는 유일한 방법이다.

아이러니하게 완전한 부자는 매일 자신이 원하는 결과와 삶을 마음의 소리를 통해 자기 암시를 거는 습관이 있다. 반면 어려운 삶을 사는 사람은 마음에 한계를 두고 '마음 먹은 대로 다 되면 가난할 사람이 누가 있겠어?'라고 의심한다. 그들은 마음 먹기는 공짜인데도 자신이 원하는 삶에 대해 마음조차 먹지 않는다. 당신이 할 수 있는 유일한 공짜 비법인데도 말이다.

"당신은 혼자가 아니다. 혼자인 적이 단 한순간도 없다."

■ 운이 바뀌는 마음

삶은 희로애락이 섞여서 나에게 온다. 행운도 넘치는 때가 있지만 무엇을 하려고 하면 할수록 점점 늪으로 빠지는 시기도 있다. 운이 좋지 않고 기대했던 결과가 나오지 않을 때마다 불평을 하는 사람이 있다.

'남편이 선물을 사왔는데 글쎄 중저가 가방을 사온 거야. 명품도 아닌데 어떻게 들고 다니니.'

'그 사람은 축의금을 조금만 했더라.'

'아이 성적이 1등이 아니라 속상해.'

라고 말하며 자신이 기대한 결과에 못 미친 이야기를 계속한다. 이런 사람은 나이가 들어가며 외로워질 수 있다.

부정적인 말을 늘어놓는 사람에게는 사람이 모이지 않는다.

올해 남편에게 이야기했으니 내년에는 명품가방을 사줄 거라 기대하겠지만, 면박을 받은 남편은 내년에 아무 준비도 하지 않을 수 있다.

그러면 당신과 닮은 부정적인 말을 하는 친구와 마주 앉아서 남편, 자식, 옆집 사람 하나씩 소환하며 부정적인 이야기를 쏟아내고 문 밖에서 당신을 기다릴 행운을 초대하지 못한 채 그냥 보내 버리게 될 것이다.

당신은 오랜만에 만나 친구와 예전과 같이 부정적인 말을 함께하면 당신의 이야기를 들어주기를 바라겠지만, 오랜만에 만난 친구는 '오모~오모~, 남편 너무 귀엽다. 얼마나 고민을 했을까?'라며 긍정적인 말을 한다.
어딘지 모르게 밝아진 모습이 당신의 마음을 언짢게 만든다.
아니나 다를까 최근에 그녀는 승진을 했다고 한다. 그래서 요즘에는 새로운 거래처의 대표들을 만나는 일이 많아져 친구와 자주 만나지 못해 아쉽다는 이야기를 한다.

행운이 거듭되는 증거의 하나로 긍정적인 태도가 된다. 그 사람이 의도적으로 긍정적인 말을 하려고 노력하는 것일 수 있지만, 이미 마음 가운데 긍정이 자리를 잡아서 자연스럽게 긍정의 말과 행동이 나오는 것이다.

행복하기로 마음먹은 당신이 가장 먼저 할 일은 긍정적인 마인드셋을 장착하는 것이다.

행복연구소의 연구에 의하면 올림픽에서 메달을 딴 사람 중 불행한 사람은 은메달을 딴 사람이라고 한다. 실제로 올림픽 메달 수여식의 사진을 유심히 관찰하면 동메달을 딴 선수는 환하게 웃고 있는데 은메달을 딴 선수는 어두운 표정을 하고 있다. 경기 순위로 보면 은메달이 더 좋은 성적인데도 말이다. 금메달을 딸 수 있었다는 아쉬움에 지금을 충분하게 즐기지 못하고 있는 것이다.

우리가 꼭 부정적인 순간에만 부정적인 생각을 하는 것은 아니다. 은메달을 딴 선수처럼 스스로의 처지와 상황을 어떻게 해석하느냐에 따라 행복의 크기가 달라진다.
긍정은 어떤 해결책이 아니라 당신이 모든 것을 해석하는 방법이자 언어이다. 당신에게 나타나는 사람, 상황, 행복에 대해 당신이 어떻게 바라보는지에 대한 필터가 된다.

어둡고 검은 부정적인 필터를 가진 사람에게는 어떤 행운이 나타나도 검은 물이 쏟아져 나올 뿐이다.
Wave는 단순하다. 당신이 말하고, 행동하고, 마음먹은 것을 끌어당길 수 있다.

Waved 된 당신은 금전적인 손해가 난 사실에 머물러 있지 않고 나에게 어떤 더 좋은 일이 일어나려고 시련을 준 것일까를 생각한다. 당신 앞에 있는 미래는 고정된 것이 아니고 변화할 수 있기 때문에 부정적인 시그널 너머를 생각하며 어려운 시기를 지혜롭게 넘길 수 있게 될 것이다.

"긍정은 타고나는 것이 아니라 선택의 문제이다."

■ 긍정하면 감사하게 된다

감사 일기를 통해 삶을 변화시킨 사람들에 이야기를 많이 알고 있다. 작은 일에 감사하고 일상적인 것과 오늘 내가 제시간에 눈을 뜬 것에 감사하는 것이다.

수술실에서 나와 제일 먼저 한 말이 '감사합니다. 감사합니다. 살아 있어서 감사합니다.'였다. 아프기 전에는 당연하게 여겨졌던 일상들이 너무 소중하고 감사했다.

집 앞의 아름다운 풍경은 늘 그 자리에 있었지만 알아보지 못했다. 집 앞에 새로 생긴 커피숍의 커피가 맛있어서 감사했다.

새롭게 생긴 인연들에게서 사업과 관련된 제안을 받고 일이 하나씩 풀려 나갔다. 물도 삼키기 어려웠는데 삼겹살을 먹을 수 있게 되다니 그 맛이 꿀맛이었다.

세상에는 감사할 일로 가득한 것을 당연하게 여기며, 오히려 "더, 더, 더, 더 주세요."라고만 말하며 욕심을 부렸던 시절이 부끄러웠다.

Wave의 힘을 경험한 당신은 감사가 당신에게 감사할 일들을 끌어당긴다는 사실을 알고 있다. 감사한 일을 입밖으로 꺼내어 말하고 Wave와 나와의 메시지에 집중할 뿐 남과 비교하며 스스로를 불행 속으로 밀어 넣지 않는다.

갑자기 아내에게 교통사고가 났다는 전화를 받았다.
"오, 다행이다. 당신이 다치지 않아서."라는 감사의 말이 저절로 새어 나온다.

당신은 오늘도 살아가고 있고 감사한 일은 당신의 주변에 넘쳐나고 있다. 평생을 행복함 속에 있으면서 행운이 오지 않는 것을 한탄하며 불행하게 산다면 너무 어리석다.

큰돈을 가진 사람은 작은 돈에도 감사한다. 작은 돈도 소중하게 여기고 잘 보관을 한다. 부자도 처음부터 부자가 아니었다.
자신에게 작은 돈이 모이는 것에 감사하고 기뻐하며 매일 돈 버는 재미를 느끼며 평생을 살아서 부자가 되었다.
돈 쓰는 재미를 느끼기 위해서 돈을 벌고 싶다는 젊은이들을 본다. 그들에게 돈은 항상 부족했다. 더 많은 돈이 생기지 않는 것에 불평을 했다.

어떤 젊은이는 자신은 흙수저로 태어났으니 부자가 되기는 틀렸다며 포기를 했다.

지금 길을 가다 동전을 주었다면 오늘도 감사하다고 Wave를 통해 메시지를 전달하라. 요즘 동전 가지고는 과자도 못 산다며 하찮게 여기지 말자.

■ 감사한 사람은 저절로 겸손하다

당신은 당신에게 이루어진 감사한 일들이 혼자 힘으로 이루어지지 않은 것을 안다. 다만 Wave가 당신을 통해 세상에 더 좋은 일을 만들어 낸 것임을 알기 때문에 크게 소문내지도 않고 조용하고 겸손하게 받는다. 언젠가 사용할 에너지를 잠시 보관하고 있다는 것을 알기 때문이다.

Waved 된 당신의 마음은 고요하다. 큰 행운이 찾아 온 당신의 고요한 태도에 사람들은 저절로 동화가 된다.

"역시 대인배네. 감정에 동요가 없네요."

마음은 삶을 원하는 대로 정확히 창조할 수 있는 놀라운 도구이다. Wave를 알고 삶에 적용해 완전한 부자가 된 사람은 겸손하다. 고개를 꼿꼿하게 들어 자랑하지 않는다. 자신의 부를 애써 감추려고 노력하지 않는다.

자연의 섭리가 자신을 더 좋은 곳으로 데려갈 것이라는 것을 안다. 자신은 다만 몸과 마음을 닦고 행운을 담는 준비를 게을리하지 않을 뿐이다.

겸손함은 자신이 아는 것을 감추는 게 아니다. 자신이 무엇을 알고 무엇을 모르는지 깨달으며 마음속으로 그것을 구분하고 적절하게 사용하는 평온한 태도에서 나온다.

우리는 마음 때문에 너무 오랫동안 너무 많은 고통을 받았다. 이제 당신이 어떻게 마음먹느냐에 따라 오랜 고통의 시간을 끝낼 수 있게 되었다.

당신이 마음속으로 Wave의 세계를 믿기 시작했다면 벌써 Wave가 주는 행복을 받을 준비가 끝난 것과 같다.
다음 Wave의 법칙으로 당신을 초대한다.

Wave 제4법칙
부를 끌어당기는 관계의 법칙

■ 부자가 되는 법은 단순하다

당신의 노력과 재능으로 이룰 수 있는 부에는 한계가 있다. 혼자만의 힘으로 이룬 부의 단계를 넘어서기 위해서는 다른 사람들이 당신을 위해 기꺼이 일을 해야 한다.

물론 Wave의 운을 아는 당신은 함께해 준 사람과 함께 운과 부를 나누고 더 큰 그릇을 단단하게 만들어 간다.

관계의 기운을 끌어당기는 힘을 매력이라고 한다. 지구에는 중력이 있어서 지구를 단단하게 지탱해 주는 힘을 준다. 당신의 매력은 좋은 사람들을 주위에 끌어당겨서 함께 멋진 일을 할 수 있는 기회와 함께 웃을 수 있는 일들이 많아진다.

매력이 있는 사람에게는 저절로 사람들이 모여든다. 인연은 그냥 오지 않는다. 정보를 가져오고 부를 가져오고 새로운 인연을 가져온다. 무엇보다도 그 사람의 운을 가지고 온다.

운이 좋은 사람 사이에는 플러스(+)의 에너지가 흐른다. 그 에너지는 증폭되어 시너지로 폭발한다.

매력적인 사람이 되는 법이 쉬우니 부자 되는 법도 단순하다. 항상 웃는 것이다. 운은 단순해서 웃는 사람에게 더 웃을 일의 운을 던져 준다. 그렇다고 억지 웃음은 곤란하다.

도움이 될 것 같은 사람에게는 웃으면서 자신보다 지위가 낮은 사람에게는 웃지 않는다면 사람을 속일 수는 있지만 운을 바꿀 수는 없다.

웃음은 가장 좋은 나눔의 수단이다. 공짜로 나눌 수 있을 뿐 아니라 전염성이 강해서 그 영향력이 넓게 퍼져나간다. 공짜 웃음은 우주에 저금이 되어서 당신의 운이 기울 때 꺼내쓸 수 있는 든든한 자금이 되어준다.

알라딘에 나오는 요술램프를 가졌다고 생각해보자. 당신이 원하는 것이 있으면 무엇이든 이루어 주는 지니가 있다면 당신이 필요한 것을 말하면 된다. 오직 그뿐이다.

■ 매력적인 말 한마디

당신은 얼마든지 매력적인 사람이 될 수 있다. 매력적인 사람은 운을 끌어 당긴다.

어떤 사람에게 매력을 느끼는지는 사람마다 다를 수 있다.

"그 사람은 S대를 수석으로 졸업했대."
"그녀의 아버지는 A그룹 회장이래."
"부유한 집안의 후계자야."

돈과 명성, 그 사람의 이미지 등 관심의 대상이 되고 매력을 느낄 수 있는 포인트가 있다.

학력 좋고, 명망 있는 집안의 후계자가 위트 있는 말로 좌중을 즐겁게 해준다면 어떤가? 사람들이 찾아 왔을 때 먼저 말을 걸고 겸손한 어투로 안부를 묻는다면 그 사람의 매력은 배가 될 것이다.

반대로 자신의 학력과 집안의 재력을 믿고 어느 자리에서든 으스대는 말투와 자신을 챙겨주는 사람들을 하대하는 말을 당연하게 여긴다면 그 사람은 스스로의 운은 바닥인 채로 부모님과 환경의 운에 기대어 사는 것에 불과하다.

명망과 재력을 가진 사람도 스스로 매력을 말한다면 운을 마이너스(-)시킬 수 있다.

"창사 이래 불황이 아닌 해가 없었지만, 아무것도 안 살 수 없으니 매출은 유지할 수 있었습니다. 고객이 필요한 것에 초점을 맞추면 이기지 못할 것은 없습니다."라고 말하는 사람에게는 불황이 머물지 않는다. 매력이 넘치니 좋은 운을 플러스시킬 사람들이 저절로 모여든다.

반면 "불황에 직원들 월급 주는 것도 빠듯한데, 보너스라니 말이 돼? 정신이 있는 거야 없는 거야?"라고 말하는 사람에게는 딱 그만큼의 운이 생깁니다. 매력도도 떨어져 가급적 그런 사람과는 어울리지 않으려고 할 겁니다.

완전한 부자의 공통점 중 하나는 검소하다는 것이다. 인색하지 않지만 물질에 대한 욕심이 적고 부에 대해 과신하지 않는다. 부에 대해 과신하고 경박스럽게 자랑하고 다니는 사람은 자신에게 필요한 부가 넘친다는 신호를 보내는 것과 같아서 화를 불러 마이너스 운을 부른 것과 같다.

또 그런 사람에게는 매력이 없다. 졸부의 앞에서는 그를 따르는 척 할 수 있지만 그가 없는 자리에서까지 그를 따를 사람은 없을 것이다.

당신은 어떤 사람과 친구가 되고 싶은가?

당사자가 없는 자리에서 칭찬할 사람은 누구인가?
운은 누구에게 머물게 될 것 같은가?

운이 당신에게 머물게 하려면 매력적인 말을 하면 된다.
매력적인 말하기에 대해 말을 하면 간혹 이런 반응을 보이는
사람이 있다.

"나는 원래가 그런 말은 못해요."
"때려 죽여도 마음에 없는 말은 못해요."
"그런 걸 꼭 말로 해야 알까요? 말하지 않아도 알 거예요."

하지만 말하지 않으면 모른다. 요즘은 더 이상 새로운 발견이
나 물건이 없다고 말한다. 비슷비슷한 물건을 팔고 있는 가게
쇼핑몰들 중에서도 어느 가게에서 물건을 사느냐는 매력에 달
려있다.

매력이란 간단하다. 매력적이게 말하고 매력적이게 행동하면
된다. 지금 매력이 충분하지 않아도 된다. 의심하지 말고 먼저
부정을 비우고 긍정을 채워서 스스로를 매력적인 인간으로 다시
만들어가 보자.
자신을 소개할 때 '목이 길어 슬픈 짐승'이라고 소개하기 보다.
'목이 길어 시야가 넓습니다.'라고 소개하는 것이다.

키가 작고 큰 얼굴을 바꾸기는 어렵지만 나를 매력적으로 소개할 수 있는 방법은 얼마든지 많다.

다른 사람이 당신에 대해 칭찬할 때도 '이번 프로젝트 멋지게 해냈어요.'라고 말한다면 '아이고 보잘 것 없습니다.'는 표현을 겸손하다는 이유로 사용하는 사람이 있는데 매력이 떨어진다. '감사합니다. 부장님께 칭찬을 받으니 10배로 기쁩니다.'라고 말해보자.

> **'잘 받으면, 받을 일이 많아진다.'**

친구에게 예상치 않은 책 선물을 받았다면 "나 책 안 보는데."라며 솔직하게 말해서 친구가 당신에게 더이상 신경을 쓰지 않고 싶게 만들지 않도록 주의해라. 우주는 관계를 통해서 당신에게 운을 보내준다. 매력도가 마이너스 되었다.

"가을이라 읽을 만한 책을 찾고 있었는데 고마워. 역시 센스 넘쳐요."라고 말해 상대가 당신을 위해 계속 신경 쓰게 만들어라.

■ 욕한 대로 된다

당신에게 정해진 우주의 기운과 행운의 법칙을 믿고 따른다고 해도 당신을 시험에 들게 하는 사람을 만나게 된다.

많이 받는 질문 중 하나가 '싫은 사람과 어떻게 멀어질 수 있을까요?'이다.

돈, 건강 관계가 대부분의 상담 내용인데, 관계는 상황상 어쩌지 못하고 변화시키기도 어려워서 괴롭다. 특히 가족, 직장, 사업 등 개인적인 기분으로 관계를 쉽게 정리하기 어려울 때는 더 심한 스트레스의 원인이 되기도 한다.

J과장은 원하지 않는 부서로 이동해서 M팀장과 일하며 스트레스가 이만저만이 아니다. 이동 운이 없는 가운데 인사발령을 받아 이동을 하다 보니 어떤 일을 해도 구설에 오르고 문제가 되어 돌아왔다. 대화시간 내내 M팀장의 단점을 늘어 놓으며 시간을 보냈다.

이제 조금 속이 후련하신가요?

당장은 후련한 듯해도 내일 또 출근할 일이 벌써부터 걱정이 되고 스트레스 받는다고 말했다.

회사는 당신이 선택할 수 있지만, 상사는 선택할 수 없다.

J가 M팀장을 만난 것은 피할 수 없는 인연인 숙명이다. 하지만 숙명 속에서도 기회를 보는 사람과 위기를 보는 사람이 있다.

운의 관점에서 J의 가장 큰 손해는 자신의 입으로 부정적인 말을 너무 하고 있다는 것이다. 부정적인 말은 운을 마이너스시킨다. 맞지 않는 상사와 일하는 불운에 스스로 불평과 불만, 욕으로 운을 마이너스시킨 모양이 되었다. 게다가 우주는 J의 입에서 나온 욕을 기억하고 있을 것이다. 정말 억울한 일은 M은 J의 상황에 대해서 아무것도 모르고 있다는 것이다. 그의 권위적인 태도와 공개적으로 비난하는 말투를 흉보았지만 M이 바뀔 확률은 0%에 가깝다.

회사는 프로 두뇌꾼들이 모여서 각자의 생존을 위해 에너지를 방출하는 장소이다. 그런 판에서 에너지를 무분별하게 쏟아내는 것은 스스로 자멸하는 것과 같다. 에너지들의 충돌이 있는 회사를 우리는 '전쟁터'라고 부른다. 전쟁터에서 살아남는 법은 일과 역할로서 사람들을 대하고 당신의 에너지도 역할에너지만을 사용하는 것이다.

프로 두뇌꾼들이 모인 장소에서는 누군가의 평가를 받게 되어 있다. 그들의 평가는 운에 반영되지는 않는다. 전쟁터에서 에너지의 충돌이 심할 때는 에너지가 강한 사람이 유리하다.
당신이 에너지가 높은 상태라면 쉽게 상황을 피할 수 있지만, 당신이 에너지가 낮은 상태라면 더욱더 어두운 기운을 쌓아서 마이너스의 상황에 처할 확률이 높다.

"상황이 악화될수록 매력적인 말을 하자."

운은 Wave의 형태로 오기 때문에 낮아지는 시기가 있다. Wave가 좋지 않을 때일수록 말의 힘을 믿고 매력을 저축하자. 부하 직원에게는 친절하게, 신입 사원에게는 성의를 다하여 가르쳐주어야 한다. 화를 낼수록 음의 기운이 높아지기 때문에 당신이 말한대로 이루어진다.

상사와 대화를 할 때는 한마디 한마디 놓치지 않고 들으며 대화 자체를 즐겨라. 현 상황에 대해 갈피를 잡기 어려울수록 말을 삼가고 들어줌으로써 에너지를 높이는 것보다는 에너지를 마이너스시키는 일을 조심해야 한다.

상대에게 화를 내고, 욕할수록 모두 당신에게 돌아온다는 것을 기억해두어야 한다.

"제가 제대로 이해했는지 다시 한 번 확인해보겠습니다."
"팀장님의 뜻에 맞습니까?"
"잘될 수 있도록 집중해 보겠습니다."
"이런 주제의 프로젝트는 처음이라 조심스럽습니다."

계속 배우면서 당신의 영혼의 레벨를 높여라. Wave를 아는 당신의 진정한 소통 상대는 우주와 진정한 당신뿐이라는 것을 명심하고 당신의 마음을 괴롭히는 관계의 에너지 경쟁에 끼어들지 말고 지혜롭게 넘겨서 당신의 운을 지켜라.

어떤 상황에서도 밝게 생각하라. 사회생활 하는 동안에 두뇌꾼들과의 만남은 계속된다. 밝게 생각하면 당신이 하는 무슨 일이든 일적으로 만나 생긴 '지금, 이 순간'이 모두 긍정적으로 느껴질 것이다.

물질 세계의 Wave는 불규칙하고 믿기가 어렵다. 하지만 우주의 Wave는 단순하고 신뢰할 만하다.

> **"지금, 여기 당신 앞에 있는 사람 앞에서 웃어라."**

■ 괴물 같은 상대를 피하는 법

상황에 따라 어쩔 수 없는 관계를 맺어야 하는 사람으로부터 당신의 에너지를 지키는 방법을 실천할 수 있다. 다음은 웃으면서 다가오는 에너지 몬스터를 알아보는 방법이다.

지금, 당신 앞에 있는 사람에게 최선을 다하라. 어차피 Wave의 파동이 다른 사람 간에는 관계가 오래 지속되지 않는다.

괴물 같은 사람은 명예나 지위가 매력이라고 착각하는 사람들이다. Waved 된 사람은 명예와 지위, 인기는 거품과 같다는 것을 알아서 그것에 기대지 않는다.

'바보 같은 사람은 바보 같은 소리만 하고, 괴물 같은 사람은 괴물 같은 소리만 한다.'

유명한 대학을 나오고 유학을 다녀 온 석박사라도 바보 같은 말과 행동을 한다면 바보는 바보다.

남들이 부러워하는 직업을 가지지 않았더라도 바보 같은 행동을 하지 않고 매력적으로 말하고 행동하면 현명하다고 할 수 있다. 운과 복은 그런 사람에게 쌓인다.

> **"지위란? 당신이 시작한 곳이 아닌 당신이 멈춘 곳을 말한다."**

높은 지위에 올라 바보같이 행동하는 괴물에게 에너지를 쏟지 않는 것이 현명하다. 다만, 현재 당신이 지금 여기에 집중하고, 당신이 다다르기를 원하는 곳을 향해 원하고 구하고 말하라.

■ 웃으며 다가오는 뱀의 에너지를 가진 관계

한 번 관계로 호되게 교육을 얻는 사람은 내게 사기꾼을 알아보는 방법을 알려달라고 한다.

인생을 살면서 사기꾼은 소나기 같은 존재이다. 나의 시간이나 재능, 재물을 탐해서 웃는 얼굴로 다가와서 뱀의 혀로 당신을 휘감아 정신을 차리기 어렵다.

Waved 된 상태라면 사기꾼을 알아보는 것은 쉽지만, 아직 준비 중이거나 UnWave 상태에서는 사기꾼의 주요 타겟이 되기가 쉽다.

■ 도저히 칭찬하기 어려운 사람을 칭찬하는 법

Wave가 맞지 않는 사람은 있지만, 이해하지 못 할 사람은 없다. 다만, 칭찬에 도가 튼 당신에게 도전적인 상황이 생겼을 때 어떻게 해야 하는지도 궁금해 한다.

칭찬하는 것이 일상이 되어버린 당신인데 칭찬하기 어렵다면 칭찬하지 않아도 된다. 단, 아직 칭찬이 어색해서 칭찬하기 어렵다면 조금의 노력이 필요하다. 칭찬은 몸에 있는 좋은 에너지가 말을 타고 상대에게 전달되는 매력적인 행동이다.

칭찬이 어려운 경우라면 나는 생선을 좋아하지만, 오징어는 먹기가 어려운 것과 비슷하다. 칭찬이 습관이 안 된 사람이라면 "이제 생선 먹는 법을 배워가는 중이야" 정도로 해석할 수 있을 것 같다.

칭찬이 어려운 사람과는 가급적 자리를 같이 하지 않도록 하는 것이 좋다. 칭찬하려는 노력은 에너지를 마이너스시킨다. 단, 상대를 의도적으로 폄하하지는 않도록 한다.

> '당신에게 칭찬하기 어려운 사람이 몇 명이 있나요?'

위의 질문에 한두 명이 떠오른다면 그들을 당신의 운의 그릇에서 지워도 좋다. 자기점검 없이 무턱대고 운의 그릇 안에 있는 사람이 마음에 들지 않는다는 이유로 칭찬을 아끼지 않도록 한다.

착한 사람들은 뱀 같은 사기꾼을 칭찬하기 어려운 사람이라는 이유로 멀리해야 한다고 하면 미안해 하며 죄책감에 불운을 끌어당기는 실수를 범할 때가 있다. 칭찬하기 어려운 몇 명으로 인해 행운의 Wave를 가리는 일이 생기는 것은 바람직하지 못하다.

하지만 더 많은 행운을 위해서 모두를 칭찬하고 싶다면, 훌륭한 종교인이나 성인처럼 모두를 용서하고 칭찬할 수 있게 되기를 바라는가? 아마도 그들은 교회나 절에서 지내면서 아직까지 싫은 사람을 못 만나 성품을 지키고 살 수 있었을지 모르겠다.

지구에서 열심히 산 사람일수록 더 많은 관계가 생겨난다. 관계에는 에너지가 흐르고 Wave가 충돌하는 관계를 오래 지탱하기 위해 노력하는 것보다 흐름을 차단하는 것이 현명하다.

불안한 관계는 몸의 스트레스로 인해 몸과 마음의 Wave를 깨트려 인내의 한계치를 낮추기 때문이다.

멀어지면 안 되는 이유부터 생각하고 모든 관계를 가지고 가려 하기 보다, 자연스럽게 멀어지고 헤어지는 관계에 연연해 하기보다는, 에너지의 충돌로 인해 생기는 갈등과 싸움을 예방하는 것이 Waved에 빠르게 도달할 수 있는 길이다.

■ 소중한데 용서가 어려운 가족

가족은 삶의 속도가 다르고 운의 그릇이 다르며 가치관이 달라도 함께하게 되는 존재이다. 당신의 선택과 다르게 선천적으로 맺어진 운명의 고리를 가지고 태어났다.

그런 가족으로 인한 고민 때문에 몸과 마음에 병을 얻는 경우도 많다. 용서가 어려운데 관계를 단절하기 어려운 것이 가족이기도 하다.

가족은 운명 공동체처럼 태어났지만, 서로 다른 운명을 타고난다. 당신의 가족은 당신의 가장 큰 에너지 충전소가 되어주기도 하지만, 가장 도전적인 음의 기운의 온상이 되기도 한다. 다른 운명의 Wave를 타고난 가족이 한집에 모여 살다보면 에너지의 충돌이 있는 것은 어쩌면 당연하다.

Wave가 맞지 않은 채로 20~30년을 같은 공간에서 살면 서로 힘들어 하는 것보다는 멀어져 있는 것도 방법이 될 수 있다.

몸이 떨어져 있어도 가족은 가족이고 형제는 형제인 관계가 변하는 것은 아니다. 다만 멀어져야 하는 이유를 만들기 위해 서로 비방하거나 그럴듯하게 부정적인 이유를 만들어 서로의 운에 마이너스를 만드는 일은 하지 않도록 주의하자.

준현 씨는 오랫동안 가족들과 교류하지 않았다. 연년생인 형과는 자주 다투기가 일쑤였다. 형제가 싸우면 어머니는 늘 가시

방석이었다. 두 아들이 싸우는 사실을 알면 아버지는 불같이 화를 내셨다.

준현 씨는 학업을 위해서 4년 동안 러시아에 머물렀다. 그 사이 형은 졸업을 하고 지방에 공기업에 취직을 해 집에는 1~2달에 한 번 다녀갔다.

준현 씨의 귀국으로 가족들이 모여 저녁식사를 하는데 과거와 같은 긴장감은 없었다. 준현 씨는 러시아에서 있었던 일을 이야기하며 신이 났다.

에너지는 변한다. 시간이 흐르면서 형제의 에너지는 제자리를 찾고 둘이 세상을 보는 품이 넓어졌다. 그 사이 세상을 보는 관점이 달라졌다. 사소한 이유로 자주 싸우던 자신들의 모습을 회상하며 웃어 넘길 수 있는 여유가 생겼다. Wave의 파동이 완만해졌다. 상대를 보는 이해의 폭이 넓어졌다. 물론 서로가 조금더 일찍 Wave의 법칙을 알만큼 현명했다면 멀리 떨어지지 않고도 관계를 품을 수 있는 여유가 있었을 것이다.

시간도 Wave의 파동을 바꾸는 좋은 방법이기는 하지만, 장소만 바꿔도 에너지는 변한다. 특히 소중한 사람과의 관계를 회복하기 위해서 가장 빠르게 시작할 수 있는 방법 중 하나는 여행이다.

도심 속에 있는 작은 아파트에서는 에너지의 충돌이 더 빈번하기 때문에 에너지의 흐름이 완만한 자연으로 장소를 바꾸어

진지한 대화를 시도해보는 것도 좋다.

P씨는 주말 부부였다. 아이가 한 명 있었다. 오랜만에 가족이 모여도 3명이니 더 큰 집에 대한 필요가 없어서 신혼 초에 살던 집을 인테리어만 새로 해 지냈다. 주중에 서울에서 일하던 남편은 주말에 집에 오면 쉬고 싶었다. 좋아하는 텔레비전 프로그램을 보면서 맥주를 마시는 것이 그의 유일한 낙이었다.

P씨는 자기 계발을 즐기는 워킹맘이었다. 주말에 집에 온 남편이 아빠로서의 역할을 해주기를 바라고 있었다. 또 텔레비전을 보며 낄낄거리는 남편이 한심해 보였다.

결국 둘의 갈등은 극에 발했다. 이혼 이야기가 나올 정도로 나빠지기 시작했다. 양가 부모님의 절대적인 반대로 이혼을 미루고 있던 때 둘은 아파트를 정리하고 새로 생긴 전원주택단지에 2층집을 마련했다. 1층은 남편이 좋아하는 취미를 즐길 수 있도록 꾸미고, 2층은 아이와 P씨가 사용할 침실과 서재로 꾸미고 서로 지내기로 했다.

공간을 분리하면서 둘 사이에 에너지가 바뀌며 남편을 미워했던 이유도 없어졌다. 전원주택으로 오면서 마당에 할일이 생기자 깔끔한 성격의 남편이 정원을 가꾸기 시작했다. 자신의 공간인 1층을 꾸미기 위해 부지런하게 움직이면서 둘이 고민했던 이유가 서서히 사라지기 시작했다.

가까운 사이일수록 에너지가 충돌하면서 서로 상처주기가 쉬워진다. 이때 피해야 할 것은 극단적인 감정대립과 관계단절이다.

하버드대학교 행복연구소에서는 졸업생을 대상으로 행복에 대한 연구를 했다. 하버드대학을 졸업해 사회적 지위와 경제적 부를 이룬 하버드생의 행복을 좌우하는 결정적인 한 가지는 좋은 관계였다. 재능과 능력을 인정받고 자신의 에너지를 발산하던 시절 소홀하게 했던 관계가 노년에 자신을 외롭게 하는 원인이 된 것이다.

반면, 시간의 흐름에 따라 변화되는 운과 에너지의 흐름을 알고 현명하게 행동하는 사람일수록 배우자와 행복한 노년을 보내는 경우가 많았다고 한다.

우주는 당신에게 위기를 극복할 힘을 보태주기 위해 인연을 맺어주었다.

■ 폭풍우 같은 강인함과 햇살 같은 마음으로

아무리 강한 운을 타고난 사람도 30년을 이어가기 어렵다. 보통의 운은 8~12년을 주기로 돈다.

당신의 운이 기울 때 당신 주변에 운이 좋은 다섯 명이 있다면, 이것도 당신의 운과 같다. 그런 후 당신에게 좋은 운이 들기 시작했을 때 운이 기울어 어려운 사람을 거두고 도와줄 수 있는 흐름이 가장 안정적인 운의 흐름을 만들어 가는 과정이 된다.

운이 좋은 사람이 당신 곁에 머물러 있게 하려면 그대 스스로 매력을 가진 사람이 되어야 한다.

원하는 인연이 빠르게 이어지지 않는다고 성급해 할 것이 없고 좋아하는 사람에게서 자주 연락이 오지 않는다고 조바심을 낼 필요도 없다.

바다는 흐린 날, 맑은 날, 태풍이 몰아치는 날을 가려가며 햇볕을 가려 받지 않는다. 햇살은 숲과 늪을 가려서 비추지 않는다. 같은 햇살을 통해서 숲이 되기도 하고 늪이 되기도 할 뿐이다.

불편한 관계를 당신이 나서서 고치기 어렵다. 불편한 그 사람도 우주가 정한 운명을 타고났기 때문이다. 그와 이해관계가 얽혀서 에너지가 충돌하지 않는다면 마음에 담아두지 않는 것이 방법이다.

Waved 되어 완전한 부에 이르는 사람과 함께할 때면 따뜻하게 느껴지는 경우가 있다. 그들은 집중해야 할 때를 제외하고는 늘 웃는 얼굴로 상대를 대한다. 아무리 불편한 관계도 1~2년 후에는 달라진다는 것을 알고 있다. 지금은 이해하기 어려운 상대의 행동을 통해 자신이 배우게 된다는 것을 알기 때문에 순간 화나는 일은 거의 없다.

하지만 늘 한결 같은 그들도 돌변하게 되는 때가 있다.

무참하게 관계를 정리해 원한을 사는 일은 경계하지만, 에너지 흡혈귀에게는 단호하고 무참하게 관계를 정리하는 모습을 보인다. 그 모습은 땅 위의 평형을 유지하기 위해 갑작스럽게 쏟아지는 폭풍우와 닮았다.

관계의 형평을 이루어 Wave를 안정화시키는 것이 파괴적인 충돌을 막는 가장 빠른 방법임을 당신은 알고 있다.

그들은 한 번 물린 뱀에게는 다시 물리지 않는다. 무는 것은 뱀의 속성이다. 무는 뱀을 나무라기 전에 독뱀을 알아보는 당신의 경험과 단호한 행동이 필요하다.

관계가 독이 되어 당신의 운을 갉아 먹도록 내버려두지마라.

"에너지 충돌을 피하기 위한 단호함"

칭찬할 수 있고, 이해할 수 있고, 용서 가능한 행동을 하는 사람을 만나 행복한 일상의 시간을 늘리는 것이 행복을 더욱 끌어당기는 방법이다.

혹시 상대가 당신에게 완전하게 동의하고 백기를 들게 하기 위해 필요이상의 에너지를 쓰고 있지는 않은가? 지금 당신 주변에 상대를 바꾸기 위해 애쓰는 사람을 보면 안쓰러운 생각을 하면서 현명하게 생각하고 있는가?

이 질문에 심각해지지 않는다면 당신은 Waved에 가깝다고 해도 좋다.

■ 완전한 부를 끌어당기는 관계의 비밀

좋은 관계를 원한다면 매력적인 사람이 되어서 좋은 운을 끌어당겨라.

'파레토의 법칙'이 있다. 80:20법칙이라고도 불리는데, 사람이 사는 사회에서 일어나는 일은 80:20법칙으로 일어난다고 한다.

유대인의 법칙 중에도 '78:22'라는 것이 있다. 인간이 할 수 있는 것은 78퍼센트라는 말이다.

나를 좋아하는 사람의 최고치가 78%라는 말도 된다. 최고치가 78%라는 말이지 실제로는 그에 미치지 못하는 게 된다. 반대로 내가 마음에 품고 소중하게 여기며 즐거움을 나눌 수 있는 사람도 내가 아는 사람의 78%를 넘지 못한다.

지금 전화기에 저장된 사람의 이름을 찾아보면 1년에 1번 이상 연락하는 사람이 많지 않음을 금방 알 수 있다. 나를 좋아하지 않거나 내가 좋아하지 않는 사람들에게 에너지를 낭비하며

Wave를 마이너스시킬 이유가 없다.

당신 스스로 매력을 통해 좋은 관계를 끌어들여 78%는 관계의 운을 채워나가는 것이다. 꼭 78%가 되지 않더라도 실망하거나 조급할 이유는 없다.

오늘 만난 사람과의 시간이 100% 즐겁지 않았더라도 법칙에 대입해 성공적으로 마무리 할 수 있다.

'덕분에 즐거웠습니다.'

'덕분에 많이 웃었습니다.'

'덕분에 맛있게 먹었습니다.'

'덕분에 많이 배웠습니다.'

라고 말하라. 우주는 사람을 통해 운을 채워준다. 100% 만족한 만남이 아닐 수 있다. 말을 통해서 만남의 Wave를 플러스시켜라.

더 좋은 만남을 끌어당기게 될 것이다.

만일 22%의 만남을 가졌다면, 상대가 22%임을 알게 된 것에 감사하라.

'덕분에 앞으로 시간을 절약할 수 있습니다.'

■ 기회는 사람을 통해서 온다 : 세렌디피티 파워

당신이 원하는 부와 당신이 원하는 운은 사람을 통해서 온다. 뱀의 혀를 가진 사기꾼을 만났다고 스스로의 운을 마이너스시킬 필요는 없다. 좋은 사람들과 마음의 공명을 크게 일으켜 좋은 에너지를 플러스시키는 것에 집중해라.

긍정이 필요한 대목이다. 긍정적인 생각은 좋은 만남을 기억하게 만든다. 당신이 UnWave되어 있다면 22%의 부정적인 만남에 집중하게 되어 스스로 운을 마이너스시키게 된다.

과거 어머니는 집안에 안 좋은 사람이 다녀가면 소금을 뿌려 액막이를 했다. 당신의 관계도 마찬가지이다. 마음에 액막이를 하고 새로운 운을 받을 준비를 해라.

마이너스 관계의 좋지 않은 영향은 모든 관계가 마이너스가 될 것이라는 생각에 새로운 관계를 통해 운이 들어오는 길목을 차단하는 것이다.

"기회는 사람을 통해서 온다."

지나간 인연에 연연해 하지 말고 새로운 기회에 에너지를 집중하라.

고대 페르시아의 세 왕자가 여행을 떠났다. 그들은 여행길에서 낙타를 잃어버린 상인을 만났다. 하지만, 세 왕자가 낙타를 훔친 도둑으로 오해를 받았다. 도둑으로 오해 받은 이유는 낙타에 대해 너무 자세하게 묘사했기 때문이다.

> "길에 발자국이 세 개가 나있는 것을 보고
> 낙타가 다리를 절뚝인다는 것을 알았습니다.
> 발자국 양옆에 한쪽에는 개미가 몰려있고,
> 반대편에는 파리가 날아드는 것을 보니
> 한쪽에는 꿀을 다른 한쪽에는 버터를 지고
> 가고 있던 것을 알았습니다."

상인은 결국 낙타를 찾게 되어 세 왕자는 도둑 누명을 벗었다.

세 왕자는 마을에서 낙타가 없어졌다는 말을 듣고 자신들이 여행길에 본 것들을 연결해 낙타에 대해 설명할 수 있었다. 이처럼 의도치 않은 발견을 '세렌디피티'라고 한다.

세렌디피티는 세 왕자처럼 사람의 행동과 에너지의 상호작용이 긍정적인 결과로 이어지는 '기회'를 말한다. 곧 당신이 통제 가능한 우연을 말한다.

> "당신에게 찾아 온 인연을 통해 행운을 만들어라."

당신이 Waved되어 있다면 좋은 인연을 구분해 내기 수월하다. 기운이 맞는 사람을 만나는 우연을 만들어 낼 뿐 좋은 사람과 나쁜 사람으로 구분하는 것은 조심해야 한다. 에너지는 움직이기 때문에 과거에 당신에게 나쁜 영향력을 끼친 사람도 지금은 에너지가 달라져 있을 수 있다. 당신이 할 일은 당신 주변의 수많은 인연을 연결해 멋진 일을 만들어 내는 것이다.

성공한 사람들은 엄청난 운을 가지고 태어난 것 같지만, 늘 운이 좋기만 한 것은 아니다. Waved 된 사람은 의식적이든 무의식적이든 사람을 통해서 '운을 불러들이는 토대'를 다져 놓는다.
당신 혼자만의 목소리보다 함께 더 큰소리로 우주와 메시지를 교환할 준비를 해둔다고 여기면 된다. 이를 공명이라 한다. 좋은 메시지는 선한 영향력이 되어 운을 크게 만든다.

부자는 세렌디피티의 효과를 사용할 줄 안다. 따라서 깊고 얇은 인연 모두를 운의 기운에 맞추어 사용하기 위해 소홀히 하지 않는다.
현재 당신 곁에 소중한 인연을 떠올려 보라. 지금은 운명처럼 느껴지지만 대부분의 만남은 우연에서 시작된다. 우연의 연결로 이어진 멋진 인연의 Wave를 세렌디피티라 한다.

'우연히 참석한 독서모임에서 배우자를 만났다.'

'친구 대신 나간 오디션에서 발탁되어 배우가 되었다.'

'엄마 친구의 소개로 회사에 들어갔다.'

'예전 직장에서 만난 사람과 사업을 하고 있다.'

'재수해서 원하지 않은 학교에 들어갔지만, 선배와 사업을 하고 있다.'

'강연장에서 만난 대표님의 도움으로 지원금을 받았다.'

당신 주변에서 인연의 기회는 날마다 생겨나고 있다. 디지털기술을 통해 많은 사람이 더 많이 연결된 더 많은 Wave가 존재한다. 다음 세렌디피티의 행운은 당신의 것이다.

당신이 할 일은 간단하다.

기회와 운을 몰고 오는 관계의 Wave에 집중하고 Wave가 움직이는 대로 자연스럽게 에너지를 교환하며 상호작용하면 된다.

강한 에너지를 통해 강한 관계를 맺고, 약한 에너지를 감지했다면 약한 관계를 맺으며 멋진 일을 만들어내라.

약한 에너지의 관계가 강한 에너지로 이어지는 것은 Wave에 의해 자연스럽게 움직이게 되어있다. 당신의 조바심과 의지와 노력으로 되는 것이 아님을 명심하고 에너지를 낭비하지 않도록 해야 한다.

■ 세렌디피티를 통해 행운을 만들어라

> **· Searendipity ·**
>
> 우연한 만남, 기획. Waved 된 사람에게 세렌디피는 앞으로 있을 행
> 운을 가장해 나타난다.

좋은 관계 에너지를 높이기 위해 인연의 Wave를 타라. Wave
는 당신이 원하는 관계로 당신을 태워 보내 줄 것이다.

하버드 로스쿨의 로런스 레식 교수는 사람들이 서로 공명할
수록 더 창의적이고 혁신적이 된다고 말했다. 행운을 얻는 단순
한 비결은 나를 위해 좋은 일을 발생시킬 수 있거나 앞으로 그
럴 가능성이 있는 사람과 함께하는 것이다. 행운이 가득한 곳에
행복이 있다.

네잎클로버는 행운을 의미한다. 사람들은 행운을 찾기 위해
네잎클로버를 찾는다. 세잎클로버는 행복을 의미한다. 어쩌면
네잎클로버가 더 찾기 쉽다. 당신이 비우기를 실천해 밝고 맑은
Wave의 눈을 가지고 있다면 말이다. 이제부터 행운과 행복으로
가득 채울 때가 된 것이다.

Wave 제5법칙

행복의 법칙

■ 플러스 인생을 만들어라

인쇄와 출판업으로 부를 이룬 회장님을 만났다.

그는 아들에 대한 고민을 가지고 있었다.

"이 녀석이 일에는 관심이 없고, 노는 것에만 관심이 팔려 걱정이다. 돈을 물려줘야 얼마 가지 못할 것이 뻔하지…."

열심히 살아 왔어도 자식의 운을 바꿀 수 없다는 것은 알고 있었다. 그래도 아버지의 마음으로 자식을 보면 마음이 불편했다.

"소용없는 줄 알지만 녀석 죽을 때까지 돈 걱정 없도록 방법을 마련해 두어야겠지."

그는 아들이 보통의 생활수준을 유지할 수 있는 방법을 마련해 둔 후 나머지 재산을 아들의 주변 사람에게 베풀고 장학재단을 만들어 아들이 사람들과 활동할 수 있는 방법을 만들어 두었다.

"부지런하지 못한 운을 타고난 것은 일부 나에게 책임이 있으니 먹고 살게는 해주어야 했지. 녀석의 운에 한계가 분명하니 주변에 운을 가진 사람들이 모일 수 있으면 좋지. 다행히 사람을 좋아하고 머리가 나쁜 편은 아니니 잘 꾸려 갈 거야."라며 안도했다.

그는 항상 목소리가 나긋하고 눈빛이 빛나고 결정이 빨랐다. 행동은 서두르는 법이 없었지만 이루지 못하는 일도 없었다. Waved 된 그의 행동은 늘 기품이 있었다. 하지만 그의 아들은 든든한 아버지를 만나는 것으로 대부분의 운을 써버렸다.

■ 당신을 운이 좋은 사람으로 만들 수 있다고 믿어라

행운은 조절할 수 있다. 행운이 커지는 말과 행동을 하면 된다. 당신은 내가 너무 간단하게 말해서 실망했을 수도 있다.

더 나은 인생을 만들고 싶지만 세상이 자기 뜻대로 되지 않는 이유가 궁금한 당신에게 자기가 타고난 행운의 몫을 챙길 수 있게 도와주는 것이 Wave가 할 일이다.

물질세계를 지탱하는 자원은 유한하다. 예를 들어, 돈이나 집, 금, 또는 석유, 석탄 등을 말한다. 하지만, 정신세계의 자원은 무한하다. 행운이 당신 주위에서 무한하게 얻을 수 있다는 자원을 믿기 시작하는 순간 당신은 운을 보는 안목이 생길 것이다.

앞의 노회장은 아들의 주변에 물질세계의 자원을 조금 남겨두고 정신세계의 자원이 넘쳐날 수 있도록 준비를 해 두었다. 돈은 우리 생활을 편리하게 만드는 도구이지만 편리함을 주는 만큼 많은 사람들이 원하는 탐욕의 대상이다. 때문에 수많은 어두운 에너지들이 돈을 탐하게 된다. 지킬 수 있는 기운을 가지고 있지 못하면 쉽게 다른 사람의 주머니로 옮겨가게 된다.

> **"행복을 반복하면 행운이 커진다."**

Waved 된 사람은 다른 사람에게 행운을 준비하고 베푼다. 좋은 기운을 가진 사람들을 주위에 가득 모으고 그들과 즐겁고 멋진 일들을 해낸다. 특히 당신의 운이 기울어 있는 시기에는 운이 찾아 온 사람들과 어울려 운의 그릇을 닦으며 나누어야 한다.

반대의 경우 당신도 주변 사람들에게 운을 나누어야 행운의 기운이 상호작용하며 커지고 오래간다.

Wave는 눈에 보이지 않지만 우주와 자연과 당신의 주변을 맴돌면서 세상을 유지하고 소멸시키며 질서를 유지하고 있다.

당신에게 온전하게 보낼 수 있는 시간이 주어진다면 행운을 키우는 데 에너지를 써라. 당신의 행운은 당신이 직접 만든다. 특정한 하루 동안 운을 좋게 만들기 위한 노력을 기울여 보는 것이다.

■ 행복을 키우는 행동습관

당신이 복권에 당첨되어 큰돈이 생기는 행복한 생각을 하고 있다면, 지금 밖으로 나가 복권을 사는 행동을 해야 한다.
행복한 일들을 동사로 표현하고 행동으로 옮겨라.
당신이 몸과 마음, 관계에서 완전한 부를 이룰 준비가 되었다면 그 행동을 반복하는 것이다.
당신이 노력 이상의 행운을 끌어당기고 싶다면 '매순간 행복한 일들을 하면서 우주의 기운이 당신을 도와주고 싶게 만들어야 한다.'

Wave를 단순하게 이해한 사람이 빠지게 되는 실수는 오직 바라기만 할 뿐 행동을 하지 않는 것이다.
간절한 기도는 주파수를 통해 당신의 염원을 우주에 쏘아 올리는 행동이다. 당신이 바란 그것은 사람을 통해서 올 수 있다. 나에게 꼭 맞는 배우자를 만나기를 원했다면 방 안을 떠나 당신을 위해 준비된 배우자를 만나기 위해 세렌디피티의 운을 찾는 행동을 해야 한다.

팀에 새로운 사업 아이디어가 필요해서 밤새 자료조사를 하다 잠이 들었는데 다음 날 아침 "유레카!!"를 외칠 정도의 아이디어가 떠오른 경험이 있는가?

이는 당신이 아이디어를 찾아야 한다는 메시지를 전송하고 아이디어를 찾아 열심히 검색을 한 노력의 결과에 보답을 받은 것이다.

> ### "당신이 원하는 대로 되는 상태가 행복이다."

대학 졸업을 앞둔 학생에게는 취직된 상태가 행복이다.

15년 동안 직장생활을 한 당신에게는 주말의 꿀 같은 휴식이 행복이다.

배가 고픈 사람에게는 한 끼의 맛있는 식사가 행복이다.

배가 부른 상태에서 먹어치워야 할 음식이 많으면 불행하다.

행복을 키워 행운의 그릇을 만들기 위해 당신이 할 일은 먼저 당신에게 필요한 행복이 무엇인지 아는 것이다.

배고플 때 어떤 음식을 먹어야 할지 고민하는 것과 같고, 배가 부른 것을 알아 숟가락을 내려놓는 행동과 같이 단순하다.

"당신을 행복하게 만들 Wave를 찾아라."

당신을 행복하게 만들 행복한 일들이 많아지게 하기 위해서는 행복한 행동을 반복하면 된다. UnWave 되어 좌절감, 무기력, 우울감에 빠져 있는 사람은 이렇게 말한다.

"아무도 나를 필요로 하지 않아요."
"과거에 신났던 일들에 이제 더 이상 설레지 않아요."
"가족들은 나와 대화도 하지 않고, 친구들은 연락하지 않아 요."

물은 100도씨가 되어야 끓기 시작한다. 당신의 행복의 온도가 50도로 뜨겁지 못하다면 지금 당신은 절실하게 행복하지기를 원하기보다는 좌절감과 무기력을 핑계로 아무것도 하지 않고 있을 수 있다.

물을 빨리 끓게 하기 위한 방법이 여러 가지 있다. 그중 쉬운 한 가지가 물의 양을 줄이는 방법이다. 커다란 그릇에 커다란 욕망을 넣고 끓이면 물은 쉽게 뜨거워지지 않는다.
당신이 필요한 인정과, 과거와 가족과 친구에서 벗어나 오직 당신이 혼자서도 행복할 수 있는 것을 찾아라.

Wave는 행복할수록 행복을 끌어당긴다. 지금 당장 행복하게 웃을 수 있고 미소지을 수 있는 법을 생각하며 바로 실천한다.

당신이 행복해서 바쁘게 움직이는 에너지를 보내면 단순한 우주는 행복한 일들을 더 많이 만들어 줄 것이다.

당신의 재능과 도움이 필요한 곳이라면 찾아가 함께 일하라. 그곳에서 인정을 찾고 성과를 높이며 성취감이 높아지고 자존감이 높아지면 당신이 처음에 원했던 일자리를 얻게 될 것이다.

A군은 졸업 후 원하던 공기업과 대기업의 입사시험에 떨어지고 의기소침해서 아무 일도 하지 못하고 집에 있으며 인터넷에서 알아본 회사에 이력서를 내며 취직을 위해 노력하는 척했다. 의기소침한 아들이 안타까운 어머니는 생활비를 쪼개서 그에게 용돈을 주었다. 그의 가짜 노력으로 행운을 움직이기에는 턱없이 부족했다.

그러던 중 군대 선임의 제안으로 중견기업에 들어가 생산부서를 관리하는 일을 하며 생산부서의 업무를 배우기 시작했다. 공장에서 일하는 것 같아서 창피한 생각이 들었지만 회사에서는 젊고 똑똑한 친구가 회사에 들어와 직장에 활력이 생기고 도움이 된다는 말을 듣게 되면서 달라지기 시작했다.

첫 월급을 타서 어머니께 용돈을 드리고, 다시 활기를 찾아 열심히 일하는 모습을 본 가족들도 웃는 날이 더 많아졌다. 그는 회사를 다니며 생긴 여유로 저녁에는 영어공부를 하며 해외 생산라인 개발을 위한 준비를 하고 있다.

세상에 공짜는 없다. 당신의 운을 바꾸는 것에도 노력이라는 촉매제를 넣어야 당신의 운의 성질이 플러스로 바뀐다. 지금 할 수 있는 일부터 시작해 운의 방향을 천천히 바꿔라.

> ## "아주 작고 소중하고 확실한 행복을 찾아라."

베스트셀러 작가 무라카미 하루키는 자신의 행복을 '갓 구운 빵을 손으로 찢어 먹는 것, 서랍 안에 반듯하게 접어 넣은 속옷이 가득 쌓여 있는 것, 새로 산 정갈한 면 냄새가 풍기는 하얀 셔츠를 머리에서부터 뒤집어 쓸 때의 기분'이 자신의 작고 소중한 행복이라고 말했다.

당신의 기분을 좋게 하는 일들을 찾아 계속하거나 그만하라. 아침 일찍 마신 커피 한 잔에도 웃을 수 있다면 커피를 마시고, 얼굴에 미소를 띠게 하는 사람을 만나고 편안한 장소를 찾아 좋아하는 음악을 들어라.

기분 좋은 당신이 있는 곳에 기분 좋은 에너지가 모이게 될 것이다. 날마다 매순간 행복을 키운 당신에게 행운이 커질 확률이 높아진다. Wave는 직선이 아니라 곡선으로 우리에게 다가 온다. 곡선의 주기를 앞당기는 것은 당신의 하루를 매력적으로 보내는 것이다.

■ 행운을 키우는 행복습관

행운은 당신을 비우고 행운을 받을 준비를 하면서 우주가 준비한 운을 자연스럽고 즐겁게 받아들이는 행복습관을 반복하는 것이다. 행운은 우주에서 주는 특별혜택이지만, 어느 날 뚝 떨어지지 않는다. 당신이 말하고 행동하고 절실하게 원하는 결과가 온 것처럼 자신감 있게 행동할 때 더 커진다. 운의 신비한 힘은 당신의 노력으로 만들어 낼 수 있다.

대부분의 사람들은 행운이 발생하도록 노력을 취하지 않고 가만히 있는다. 자신의 타고난 운명이 자신을 돈방석에 앉게 해줄 거라는 오래된 믿음 하나로 아무것도 하지 않고 기다리는 사람도 있다.

그런 일이 우연하게 다가올 수 있는 있지만, 인생은 운에서 번개와 같은 역할을 한다. 분명 치기는 하지만 주파수를 맞추지 않으면 번개 맞는 행운을 누리기는 어렵다.

타고난 좋은 운명과 노력은 햇살을 받는 것과 같다. 흐린 날이 있어서 잠시 햇살을 받기 어려울 때도 있지만, 언제나 햇살은 우리 머리 위에 있다.

문제는 당신이 행운은 우리 주위에 항상 존재해서 우리가 발견해주기만을 기다려준다는 사실에 대한 믿음을 가져야 한다는 것이다.

모든 사람이 공평하게 운을 타고나지 않지만 당신의 건강한 몸에서 풍기는 맑은 정신은 행운을 알아보는 안목을 키운다.

당신이 행운의 날들이 오기만을 기다릴 필요 없이 행복한 일을 반복해서 행운의 날을 만들 수 있다는 생각에 흥미를 느끼고 주파수를 맞춰라. Wave는 행복한 곳으로 모인다.

> **"행운은 준비된 사람에게 주어진다."**
>
> **- 루이 파스퇴르 -**

행운에는 당신이 원하든 원하지 않든 생기는 우연이 전부가 아니다. 운에는 통제하기 어려운 숙명과 우연이 있다. 한편으로는 노력에 따라 개발이 가능한 운을 기회라고 한다. 기회를 찾는 노력은 당신이 관리 가능한 운의 확률을 높인다.

완전한 부의 원리를 터득하고 Wave의 혜택을 톡톡하게 누리고 있는 부자들은 통제가 가능한 기회를 크게 만들고 확률을 높이는 행동을 한다.

그들은 자신에게도 불운의 시기가 닥쳐 올 것을 알지만, 불운에 자신의 에너지를 집중하지 않는다. 다만, 불운의 시기에 자신의 Wave를 유지할 준비를 한다.

위기 속에 같이 올 기회에 대해 열린 마음을 갖는다. 새로운 기회에 대해 의심보다 모험심을 가지고 위기를 감수하려는 의지가 있다. 기회를 다른 사람들과 함께할 생각을 가진다. 기회를 통해 얻어진 결과를 나누고 베풀려는 긍정인 태도를 가지고 있다. 그들은 깊은 바다처럼 고요하고, 맑은 햇살처럼 따뜻하다.

행복의 주인공이 된 당신은 미지의 손잡이를 당겨서 새로운 행운을 확인할 준비를 하고 있다. 처음 손잡이를 당겨 행운의 달콤함을 맛본 당신은 행운의 문고리를 당기는 것이 설렘 자체이다.

PART 3
The Wave

◇
◇
◇
◇
◇

완전한 부의 삶
The wave

『 그들은 기적이라 말하지 않는다 』

■ 그들은 기적이라 말하지 않는다

학창시절을 생각해 보자. 점심식사 후 무료해진 친구들은 모두 흩어져 행운을 상징하는 네잎클로버를 열심히 찾아 다녔다. 5분이 지나자 한 아이가 "나는 운 같은 것은 믿지 않아. 다른 놀이를 찾아 보겠어."라며 시냇가로 뛰어간다.

10분이 지나자 여러 명의 아이들이 동시에 "나는 운이 없나 봐, 오늘은 재수가 없나봐."하고 나무 아래로 달려가 앉으며 투덜거린다.

아이들은 클로버는 잊은 채 다른 놀이를 하고 있다.

갑자기 한 아이가 '네잎클로버를 찾았다!'를 외치며 아이들이 있는 곳으로 달려간다. 흩어져서 놀던 아이들이 네잎클로버를 찾은 아이를 둘러싸고 한마디씩 한다.

"역시 K는 운이 좋다니까?"
"우와, 부럽다. 나도 네잎클로버 찾고 싶어."

K는 운이 좋다. 수천 개의 클로버 속에서 네잎클로버를 찾았으니까 말이다. 하지만, K는 다른 친구들이 포기하고 다른 놀이를 찾아 떠났을 때도 인내심을 갖고 네잎클로버를 찾기 위해 집중력을 가지고 노력을 했다. K는 친구들이 자신을 운이 좋은 사람이라고 부르는 것을 말리지 않았다.

Wave를 통해 완전한 부자가 된 사람에 대해서 사람들은 어떻게 부자가 되었는지 궁금해 한다. 그래서 그 이유를 질문하고 그의 이야기를 유심히 듣고는 자신에게는 해당사항이 없다고 스스로 선포하고 그 자리를 떠난다.
Waved되어 인생의 새로운 전환점을 마련하고 싶은 사람은 또 다른 질문을 한다. 어떤 것부터 시작하면 될지를 질문한다.
질문을 계속한 당신은 할 수 있는 행동을 먼저 시작한다.

『 더 좋은 Wave를 포기하지 않는다 』

　최연소 임원을 지내고 당당하게 사표내고 사업을 시작했지만, 처음에는 어려웠다. P는 강남에 200여평의 사무실에 수십 명의 개발자를 두고 디지털 프로그램 회사를 창업했다. 고전을 면치 못하고 2년 사이 규모를 1/4로 줄여 사무실을 옮겼다. 관리직 직원을 두고 개발자는 프리랜서로 원격근무를 하게 되었다.

　사업을 줄인 후 2년 동안은 새로운 협력사와 함께 일을 도모하고 기술뿐 아니라 운영을 통해서 회사를 유지하고 키우는 방법에 대해서 공부했다. 그러던 중 건강상에 문제가 생겨 말을 하기 어려운 상황까지 겹치게 되었지만 독서와 명상을 통해 건강을 회복하였다.

　2019년부터 기업과 관공서에서 도시 계획에 디지털 시스템을 접목해 설계를 하고 교육프로그램을 만드는 회사 또한 디지털 기술을 통해 표준화된 교육매뉴얼을 만드는 첨단 기술을 접목하게 되면서 운이 서서히 회복되게 되었다.

2019년 말 바이러스의 대유행은 산업과 국가 차원의 디지털화가 빠르게 진행되면서 그녀의 비즈니스도 덩달아 주목을 받게 되었다.

"많은 일이 갑자기 들어와서 회사를 다시 키울까도 생각해 보았는데, 건강을 유지하면 오랫동안 일을 하기 때문에 꼭 우리와 함께하기를 원하고 업무방식이 우리와 비슷한 조직과만 일을 하고 있어요."

40대 여성 임원으로 관심과 시기를 한 몸에 받았지만 타이밍이 빠르게 시작한 비즈니스로 어려움이 있었다. 그러나 그녀 특유의 긍정적인 마인드와 지인들의 도움으로 어려움을 이겨냈다.

건강의 위협으로 개인과 사업에 위기를 맞았지만, 그녀는 치유될 것이라는 믿음을 버리지 않았다. 그리고 때를 만나 멋지게 누구보다 바쁘게 일하고 건강한 만남을 이어가고 있다.

> "당신이 행동하는 사람이라는 믿음을 저버리지 않는 한,
> 운은 당신을 배신하지 않는다."

자신이 타고난 운의 그릇을 알고 우주의 운에 만들어지는 Wave의 흐름을 아는 완전한 부자는 때를 기다릴 줄 안다.

UnWave인 사람도 부자가 될 수 있지만, 그들은 위기가 올수록 다급해진다. 지금의 위기에 쉽게 더 큰 배팅을 해서 실수를 만회하려고 한다. 동업자들에게 사기를 당하면 실의에 빠져 가정과 사업을 돌보지 못해 모든 것을 잃는 취약성이 드러나게 된다.

Wave에 믿음이 부족할 때에는 선택이라는 이름으로 너무 많은 기회의 문고리를 열어보지도 않고 쉽게 포기하며 아무 일도 일어나지 않는 자신의 일상을 편안하게 여긴다. 마치 네잎클로버를 찾다가 "나에게는 그런 행운이 없어."라고 금세 다른 놀이를 찾는 것과 같다.

명심하라. Wave를 타고 부의 추월차선에 올라서기 위한 가장 첫 번째 단계는 Wave를 믿는 것이다.

그런 후 운이 기운 시기에도 포기하지 않고 행운의 시기가 돌아올 때까지 준비하며 행복한 일상을 보내자. 그리고 좋은 사람들과 멋진 일을 도모할 시기를 머릿속에 그려보는 것이다.

> "당신이 타고난 Wave를 알고, 당신의 잠재력을 발휘하는 것이 완전한 부를 이루는 법칙이다."

기다림의 시기에 부의 그릇을 비워라. 두려움과 이기심, 시기와 질투 등 행운의 기운을 마이너스시키는 마음을 내려놓는다.

바쁘게 살아가는 동안 소홀해지기 쉬운 몸의 건강상태를 점검하고 몸을 맑게 해 기회가 왔을 때 놓치지 않도록 준비하라. 운동과 명상은 몸과 마음을 준비하는 좋은 운동인 동시에 훌륭한 놀이가 될 수 있다.

좋은 기운을 가진 지인들과 친밀하고 격의 없는 관계를 하면서 그들의 성공과 발전에 존경을 표하라. 지속적으로 즐겁게 할 일들을 찾아 매일 그 일을 반복하라. 놀이의 공간은 가급적 서로 다른 에너지들의 충돌이 덜한 자연 속에서 하는 것이 좋다.

에너지가 왕성한 젊은이들은 자신의 에너지를 주체하기 어려워 술이나 유흥을 즐기기도 하지만 이는 에너지를 마이너스시킬 뿐 새로운 기운을 담지는 못하는 소모적인 활동이다.

『 완전한 부의 기회를
높이는 노력을 한다 』

돈이 완전한 부의 전부는 아니지만, 물질적 성취는 완전한 부를 가늠하는 척도가 된다. 때문에 Waved 된 부자들은 대부분 자신의 일과 사회적 관계를 견고하게 유지하기 위해 누구보다 성실하게 노력하는 것을 멈추지 않았다.

UnWave 상태에서 왜 돈을 벌고 싶냐고 질문하면 빠르게 은퇴해서 편하게 살고 싶어서라고 대답하는 사람이 많다. 은퇴를 전제로 일을 한다. 그러다 보니 자연스럽게 한탕주의에 빠지게 된다.

원하는 한탕이 바로 이루어지지 않으면 허무주의에 빠져서 잘되는 사람들을 고의적으로 비방하고 깎아내리며 자신에 대한 열등감을 해소한다.

Waved 된 부자는 완급을 조절할 뿐 매일 해야 하는 일과 주마다 해야 하는 일 등 바쁜 일과 중에서도 개인적인 시간을 내어서 가족, 친구들과 교류하는 시간을 갖는다.

그들이 시간을 내는 방법은 일하는 시간에 더 집중하고 자신이 해야 할 일과 하지 말아야 할 일을 알기 때문이다. 빠르게 제대로 마무리 하는 법을 그들은 알고 있기에 이런 생활이 가능하다.

B변호사는 다소 늦게 골프에 입문했다. 주말에 골프를 즐길 시간을 내기 위해 주중에 야근하는 것을 두려워하지 않았다. 기한이 있는 일을 뒤로 미루지 않고 제때에 하는 것이 즐겁다고 했다.

그 결과 50대 중반에 왕성한 활동을 할 수 있게 되었다.

그녀의 고객 중에도 수백 억 이상의 부자들이 많았지만, 돈과 치정에 휩싸여 복잡하게 얽힌 생활을 하는 것이 부럽지 않다고 했다.

UnWave의 상태에 있는 부자와 Waved 된 상태의 부자 간의 큰 차이는 자신의 할 일을 돈이 있고 권력이 있다고 해서 남에게 미루지 않는다는 점이다.

충분하게 사람을 고용할 수 있지만, 에너지의 충돌로 갈등이 예상되는 사람과 함께 일하지 않는다. 한 번 위기를 맞으면 되돌리기 어려운 상황에서는 자신이 직접 나서 문제를 해결하는 것이 그들이 지키는 원칙이다.

20대 후반의 자녀를 둔 회계법인 대표는 자신이 아들보다 미래에 대한 꿈에 에너지가 강할 것이라며 왕성한 자신감을 표했다. 그에게 여유가 생기면 적당한 매물이 나와 건물과 땅을 사게 되고, 이내 그 땅과 건물의 가치가 올라가는 일들이 생겨난다.

그들은 건강이 나이가 들수록 나빠진다는 이야기에 의문을 제기한다. 건강을 유지하기 위해 규칙적으로 운동을 한다.

몸은 마음을 담는 그릇이기도 하지만 마음은 몸을 일으키는 힘인 의지의 산실이기도 하다.

그는 몸과 마음을 비우고 새로운 운을 받아들이기 위해 노력한다. 사람들을 만나 친근하게 대하여 새로운 운명의 파트너를 만나는 마음으로 매순간 최선을 다하고 도움이 되려고 노력한다.

> "노력을 게을리 하지 않는다.
> 운은 변하고 변하면 흘러넘친다."

『 즐거움으로 일상을 채운다 』

　Wave로 가득 채워진 완전한 부자는 자신이 무엇을 좋아하고
어떤 활동을 하면 즐거운지 알고 있다.

　UnWave 된 상태의 사람은 남들이 좋아하는 것을 좋아하고
원한다. 남들이 좋아하는 차를 사기 위해 돈을 벌기를 원한다.
음의 기운이 가득해 판단력이 흐려지면 무리를 해서 물건을 사
자신의 기운을 스스로 더 나쁘게 만드는 잘못을 저지르기도 한
다. 오로지 돈을 벌기 위해 애를 쓴다.

　반면 Waved 된 당신은 행운을 벌기 위해 베풀고 나누는 비
움의 즐거움을 즐긴다. 남이 좋아하는 것을 통해 즐거움을 찾는
사람은 다른 사람이 자신을 알아주지 않으면 화가 난다. 다른
사람을 안목도 없는 가난뱅이라고 험한 말로 쫓아낸다.

돈은 있을지 모르지만 외롭고 공허한 일상에 쾌락을 추구하며 자신의 에너지와 운을 써버리고 만다. 시간이 지나 후회하며 때가 늦어 버린 경우가 많다.

기억하라. 운을 채우면 완전한 부에 이르는 시기와 크기는 정해져 있지 않다. 당신에게 남아있는 기회와 운을 갈고 닦는 일을 꾸준하게 해 나이가 들어 갈수록 더 멋진 인생을 살아라.

『 겸손한 품격을 유지한다 』

Wave는 자신의 것이 아님을 안다. 완전한 부가 자신의 재능과 노력만으로 이루어진 것이 아닌 것을 알기 때문에 겸손한 마음을 잃었을 때는 언제든지 사라질 것이라는 것도 안다.

누가 나에게 물었다.

"완벽하다는 것은 뭡니까?"

"완벽은 있지만, 존재하지 않습니다. 역사적으로 오래된 탑을 살펴보면 틈을 만들어 힘을 나누어 받고, 비바람이 통과하게 만들죠. 빈틈없이 완벽했다면 오랜 시간 동안 비바람에 버티지 못했을 겁니다. 완벽하려고 할수록 작아지게 됩니다. 사람도 마찬가지입니다. 완벽한 그릇을 만들려고 하다 보면 오히려 그릇이 작아집니다. 마음과 몸이 움츠러들죠. 작은 그릇에 큰 행운이 담기기는 어렵습니다."

Wave를 이해한 부자는 자신이 완벽하지 않음을 안다. 그래서 완벽해지려고 노력한다. 당신이 소유한 모든 것은 당신 것이지만, 당신 혼자 이뤄낸 것이 아니다. 그래서 조심해서 사용하며 나누고 베풀기에 인색하지 않아야 한다.

간혹 사람들은 내게 겉으로 인색한 것처럼 보이는 부자의 씀씀이에 대해 질문한다.

"엄청 인색하던데요. 밥 한 끼 제대로 안 사는 부자도 많다고요."

"그건 인색한 것이 아니라. 엄격한 것입니다. 부자가 자신의 외향을 꾸미고 물욕을 채우는 데에는 아끼지 않으면서 주변 사람을 챙기는 것에 인색하다면 그는 Wave를 잘못 이해하고 있는 겁니다. UnWave 된 상태죠. Wave를 제대로 이해하고 운을 받아 온 사람은 자신에게도 엄격하고 다른 사람에게도 엄격합니다. 우주가 함부로 사용하라고 자신에게 대운을 주지 않았다는 것을 알기 때문이죠."

Waved 된 완전한 부자는 무엇이든 지나치지 않는다. 특히 돈을 뽐내고 함부로 사용하는 것을 경계한다.

에너지를 키울 수 있는 투자나 나눔에는 과감하게 행동한다.

운의 그릇이 커지면 그릇에 담기는 운의 크기도 커진다.

운의 크기가 커지면 타인의 이야기를 진심으로 들을 수 있을 정도로 여유로워진다. 세상이 돌아가는 새로운 이야기에 항상 열려있고 스스로 더 배워야 한다고 느끼며 그렇게 행동한다.

다른 사람의 좋은 생각과 아이디어에 사심 없이 칭찬한다.

"어떻게 그렇게 멋진 아이디어를 생각할 수 있지, 정말 대단해."

최고의 품격을 갖춘 당신은 스스로 내세우지 않아도 빛이 납니다.

당신은 원하는 결과가 이루어졌을 때 받을 준비를 갖추기만 하면 된다. 풍요함이 당신의 품위를 더 높일 것이다.

겸손함이 자신을 더욱 빛내줄 것을 안다. 당신의 부족한 부분을 이야기하고 진정성 있게 도움을 요청하라.

진실은 우주가 움직이도록 만들 것이다. 자신의 업적을 부풀리고 장점을 과장하며 단점을 감추려고 거짓말을 하면 인과응보의 벌을 받게 될 것이다.

UnWave 된 사람은 겸손을 잃고 사람들과 세상을 자기 뜻대로 자신의 능력으로 좌지우지할 수 있을 것이라는 자만심에 빠져 허우적거린다. 자신의 앞에 닥친 위기를 보지 못한다.

우주는 가득 차면 깨진다.

Waved 된 당신은 세상과 우주가 돌아가며 순환하는 에너지에 맞추어 자신을 높이고 낮출 줄 알게 된다. 에너지가 상승해 들어오는 부를 거두어들인다. 에너지가 하강해 멀어지는 물질세계의 에너지를 털어버리고 다가올 행운을 기다릴 줄 알고 있기 때문에 재물과 운이 함께 쌓인다.

> "최고의 품격이란, 나를 둘런 싼 모든 것과
> 자연스럽게 어우러지는 것이다."

좋은 생각과 좋은 행위는 좋은 결과를 가져오는 선순환을 이룬다. 사람들은 당신을 보고 "저 사람은 복도 많아"라고 한다. 사람들의 이야기를 즐겨라. 겸손하고 품위 있는 마음가짐으로 삶을 살아가기 때문에 좋은 일이 좋은 일을 부르는 선순환을 이루며 행복한 일들이 줄줄이 생기는 것이다.

『 "해낼 수 있다." 라고 말한다 』

Wave의 힘을 믿는 당신은 '어떻게 하지?'라고 걱정하기 전에 '해낼 수 있다'라고 말한다.

"안 되면 어떡하지?" 하는 걱정은 Wave를 믿는 사람의 생각법이 아니다. 그들은 목표를 세우면 자신의 능력과 우주의 생명에너지가 자신의 일에 힘을 보태 줄 것을 알기 때문에 방법을 찾아 그대로 실행한다.

당신의 주변에 언제나 흐르고 있는 Wave를 알고 있다면 당신이 아침에 일어나 생각난 일을 그대로 실행하라. 스스로 결정하고 남들의 판단에 의지하지 않아도 된다.

자존심을 버리고, 자신을 숙이고 주변에서 중요하게 생각하는 물질을 내려놓으라고 말하는 것을 과감하게 벗어던지고 자신을 이끄는 에너지를 따라 대담하게 걸어갈 줄 안다.

UnWave에서 헤매는 사람은 그것이 될까? '어떻게 해야 하지? 누구를 만나야 하지?' 하고 끊임없이 의심하며 조바심에 잠을 못 이룬다.

Waved 된 당신은 완전한 부를 선택하고, 행복을 선택한다. 당신이 걸어갈 수 있는 길은 그것이 전부이다. 해결하려고 조바심 내지 말고 당신에게 주어진 시그널에 따라서 잘 될 수 있는 것을 선택해 이미 된 것처럼, 내 것처럼 여기며 해낼 수 있다고 믿는다.

앞으로 이루어질 일에 집중을 하면 당신의 에너지는 플러스로 전환이 되고 마이너스는 서서히 다른 모양으로 바뀌어서 당신의 에너지를 빼앗지 못하게 된다.

당신은 에너지의 충동을 정비하기 위해 의도적으로 쉴 수 있지만, 매일 매일 새로운 일에 설레이며 쓰러지지 않고 끝까지 해내는 당신의 마음에서 울리는 소리에 따라 움직이면 된다. 당신이 가고자 하는 기운을 우주에 맡긴 채 원하는 부를 창조하면 된다.

우주는 단순하다. 원하는 것을 이룬 것처럼 말하고 행동하는 당신에게 당신이 원하는 것을 준다.

"Wave는 자신이 가장 많이 되고 싶어하는 존재가 되고,
당신이 가장 많이 생각하는 것을 끌어와 당신에게 줄 것이다."

• Epilogue •

■ 인생은 곡선이다

"당신이 그린 그림대로 당신의 인생을 바꿔라."

첫 번째 암 진단을 받고 수술을 하면서, 그때까지 열심히 앞만 보고 달려온 나에게 시련을 통해 쉼과 생각할 시간을 주기 위해 몸으로 신호를 보낸 것이라고 가볍게 여겼다.

물론, 암이라는 단어가 주는 어두운 분위기에 압도당한 것이 사실이지만, 당연하게 이겨낼 것이라고 생각했다. 이후 6개월 만에 재발한 암과 사투를 벌이고, 3번째 암을 겪어 냈다.

현재 나는 인생에서 가장 평온한 마음을 가지고 매일 몸과 소통을 하면서 나를 알아주고 안아주면서 이런 생각을 한다.

인생은 내가 원하는 성공을 향한 직선 도로가 아니라는 것이다. 정해진 운명에 따라 더 잘되고 매일 더 즐거운 시간을 보내게 되겠지만, 그것도 뻥 뚫린 도로처럼 한번에 오지 않는 것이다.

다만, 내가 구불구불한 곡선을 읽어낼 수 있고 멋진 코너링을 할 수 있는 재능을 가지고 있어야 하며, 나를 안전하게 지켜 줄 행운이 나와 함께할 것이라는 강한 믿음이 곧 나를 보호해 줄 것이라는 확신을 가져야 한다.

그때 Wave가 느껴지고 알게 되었다.

3차 수술과 항암 과정을 겪으며 지친 몸과 마음을 회복하기 위해 나의 몸과 마음에 집중하게 되면서부터였다.

나를 둘러싼 강한 에너지와 소통을 하면서 매일 걷고 운동하고 산책하고 명상했다. 그 과정에서 눈에는 보이지 않지만 나를 둘러싼 어마어마한 힘을 느끼게 되었다.

그 힘은 내 안에서 공명하며 나를 더 건강하게 해 주었다. 어디에든 존재하며 나에게 신호를 보냈다. "이곳은 너에게 마이너스가 될 수 있으니 빠르게 다른 곳으로 움직여!", "저 사람과 함께하면 더 좋은 에너지를 받게 될 거야, 먼저 전화해봐!"라고 시키는 것 같았다.

> "Wave는 감동이었고 아름다웠다."

혼자 열심히 하면 모든 것이 잘 될 것이라고, 우주에 중심에서 나를 두고 생각했던 내가 모든 것을 비우고 Wave를 믿기 시작하면서 새로운 인생이 시작되었다.

몸이 보내는 신호에 복종하는 것이 당연해졌고, 쉬고 난 후에도 불안하지 않고 더 좋은 생각이 많이 났다. 오히려 Wave가 주는 더 큰 선물을 받기 위해 쉬면서 몸과 마음을 준비하고 있다.

새로운 인연을 통해 물질적 부가 쌓여가고, 가족과 함께하는 매 순간이 행복하며 더 건강해지는 나를 느끼는 것도 나에게 큰 행복이다.

나는 자연스러운 행복 속에서 저절로 이루어지는 행운의 흐름을 Wave라 부르기 시작했다.

내가 지금 느끼는 자유로움과 행복의 다음 주인공은 당신이 되기를 바란다.

Wave는 당신이 완전한 부를 이룰 수 있는 지름길을 알려주는 내비게이션이 되어 줄 것이다.

•참고 문헌•

Wave _ 파장, 파동

기와 운을 우주의 파장, 파동, 주파수, 내 신체의 파장, 파동, 사람과 사람 사이의 파장 속에서 이해하며, 이를 통해 건강과 운, 재테크 방식을 깨닫다.

《관련 도서&논문》

· 김원 저, 《운의 그릇(무엇이 인생의 차이를 만드는가)》, 더 퀘스트, 2020.

· 론다 번 저, 《The Secret》, 살림Biz, 2006.

· 마크 마이어스 저, 김선형 역, 《행운이 항상 따르는 사람들의 7가지 비밀(운 좋은 사람들의 아주 사소한 습관들)》, 페이퍼스토리, 2011.

· 무라카미 하루키 저, 김지욱 역, 《이렇게 작지만 확실한 행복》, 문학사상, 2015.

· 미야모토 마유미 저/김지윤 역, 《운을 부르는 부자의 말투(말과 운의 관계를 알면 인생이 바뀐다)》, 포레스트북스, 2016.

· 사이토 히토리 저, 《부자의 행동습관(행동에너지를 부로 연결하는 법)》, 다산4.0, 2016.

· 이서윤 저, 《오래된 비밀(대한민국 상위 1%의 멘토가 말하는 운의 원리)》, 이다미디어, 2013.

· 제임스 아서 레이 저, 홍석윤 역, 《조화로운 부(돈 너머 진정한 부에 이르는 5가지 절대 조건)》, 라이온북스, 2021.

· 켈리 캑고니컬 저, 박미경 역, 《움직임의 힘(운동은 어떻게 행복과 희망, 친밀감과 용기를 찾도록 돕는가)》, 안드로메디안, 2020.

· 크리스티안 부슈 저, 서명진 역, 《세렌디피티 코드(부와 성공 뒤에 숨겨진 행운의 과학)》, 비즈니스 북스, 2021.

· 파울로 코엘료 저, 《연금술사》, 문학동네, 2004.

초판 1쇄   2022년 1월 1일

지은이   강나연
발행인   김재홍
기획   김예성
마케팅   이연실
디자인   박효은

발행처   도서출판지식공감
등록번호   제2019-000164호
주소   서울특별시 영등포구 경인로82길 3-4 센터플러스 1117호(문래동1가)
전화   02-3141-2700
팩스   02-322-3089
홈페이지   www.bookdaum.com
이메일   bookon@daum.net

가격   16,000원
ISBN   979-11-5622-665-9 03320